Karl Bücher

Die Aufstände der unfreien Arbeiter 143-129 v. Chr.

Karl Bücher

Die Aufstände der unfreien Arbeiter 143-129 v. Chr.

ISBN/EAN: 9783743455788

Hergestellt in Europa, USA, Kanada, Australien, Japan

Cover: Foto ©ninafisch / pixelio.de

Manufactured and distributed by brebook publishing software
(www.brebook.com)

Karl Bücher

Die Aufstände der unfreien Arbeiter 143-129 v. Chr.

DIE AUFSTÄNDE

DER

UNFREIEN ARBEITER

143 — 129 v. Chr.

VON

KARL BÜCHER,

Dr. phil.

FRANKFURT A. M.

J. D. SAUERLÄNDERS VERLAG.

1874.

I. Geldoligarchie, Pauperismus, Sklaventhum.

Die Staaten des Alterthums zeigen in ihrer Entwickelung einen eigenthümlichen Fortschritt von der Herschaft der Einzelnen zu der der Mehreren und Vielen, und wenn sie in der demokratischen Gleichberechtigung Aller ihren Höhepunkt erreicht haben, ein Absteigen in umgekehrter Ordnung von den Vielen zu den Wenigen und Einzelnen[1]). In Griechenland wie in Rom wird das patriarchalische Königthum der ältesten Zeit von der Adelsaristokratie abgelöst; die Entartung der letzteren führt in Verbindung mit der fortschreitenden geistigen und materiellen Kultur ihren Sturz und mit der bürgerlichen Gleichstellung Aller die Volksherschaft herbei. Aber in der schrankenlosen Demokratie tritt bald eine neue Gattung von Aristokratie zu Tage, welche nicht, wie die erste, auf einem vor dem selbständigen Nachdenken des Volkes zerfallenden Vorrechte, dem der Geburt, beruht, sondern auf einer dem Anscheine nach jedem leicht zugänglichen Grundlage, dem Reichthume. In Rom beschliesst der Cæsarismus die absteigende Stufenleiter, zu einer Zeit, wo Griechenland, in welchem die mittleren Stadien unter mancherlei Störungen den längsten Bestand gehabt, bereits in dem rascher lebenden Organismus des römischen Staates aufgegangen ist. Diese Entwickelungsphasen vollziehen sich weder in gleicher Zeitdauer noch in einem ausschliessenden Nacheinander, sondern wie ein Baum neben reifen Früchten schon die Blütenknospen für eine neue Ernte angesetzt hat, so zeigt das Staatswesen in dem einen Stadium gewöhnlich schon die Elemente des

---

[1]) Ueber die analoge moderne Entwickelung, soweit sie abgeschlossen vorliegt, Gervinus, Einleitung in die Gesch. d. XIX. Jh. S. 13 f.

folgenden, wie sich umgekehrt Einrichtungen der älteren in die neue Form mit hinüberschleppen.

Es müsste das ein gar mark- und blutarmes Gemeinwesen sein, welches sich nicht verhältnissmässig schnell über die Periode der Geburtsaristokratie hinauslebte. Die unvermeidlichen Kämpfe und Schmerzen überwindet der lebenskräftige Organismus wie die Kinder das Zahnen. In Griechenland war der Aristokratie nach der Zwischenstufe der Tyrannis rasch die auf breitester Grundlage aufgebaute Demokratie gefolgt, welche alle Organe der Staatsverwaltung, wie die Volksversammlung so den Rath und die leitenden Behörden, im Sinne der bürgerlichen Gleichberechtigung umgeschaffen hatte. In Rom vernichtete die Verfassungsänderung vom Jahre 367 das Privilegium der Patricier auf die höchsten Staatsämter; aber die bürgerliche Gleichheit Aller ist doch nie so weit durchgedrungen, dass sie die oberste Staatsleitung demokratisch umgeschaffen hätte, wie die Gesetzgebung. Wie ein unverrückbarer Grundpfeiler war der Senat stehen geblieben und es änderte seinen Character nur wenig, dass jetzt die Theilnahme an demselben nicht von der Willkür der Beamten, sondern von der Bekleidung curulischer Würden abhängig gemacht war. Daher seine feste und gleichmässige Politik, gegenüber der Veränderlichkeit durch das Volk gewählter, jeder Zeitströmung nachgebender griechischer Rathsversammlungen.

Diesen politischen Unterschieden gemäss tritt auch die Geldmacht, trotz aller wesentlichen Gleichartigkeit, bei Griechen und Römern nicht ganz in derselben Weise auf. Wenn im Folgenden der Versuch gemacht wird, die riesenhafte Entwickelung derselben und ihrer zuerst bloss wirthschaftlichen, dann auch politischen Gegensätze anzudeuten, so geschieht diess lediglich in der Absicht, für die Darstellung einer der wichtigsten und allgemeinsten socialen Bewegungen des ganzen Alterthums die nöthige Unterlage zu gewinnen. Es konnten desshalb nur die äussersten Grundlinien gezogen werden; die Ausführung des Bildes im Einzelnen würde ganz andere

Kräfte und einen anderen Raum beanspruchen. Die griechischen Verhältnisse sind dabei vorläufig bloss bis zur makedonischen Epoche ins Auge gefasst, für die römischen ist die Zeit unmittelbar vor der Gracchischen Bewegung als Endpunkt festgehalten, wo unsere Specialdarstellung einsetzt.

Macht auch das Gesetz zwischen den Bürgern eines demokratisch geordneten Gemeinwesens keinen willkürlichen Unterschied, so liegt es doch zu sehr in der Natur menschlicher Verhältnisse, dass die gesellschaftlichen Abstufungen, welche Alter, Einsicht, Bildung und Vermögen hervorbringen, nicht ohne Einfluss auf das öffentliche Leben bleiben werden. Und je mehr die Demokratie der Entfaltung der individuellen Anlage und der Bethätigung jeder menschlichen Kraft den weitesten Spielraum gewährt, um so rascher und schroffer wird sich insbesondere der letzte dieser Unterschiede herausbilden. Es lebte in den Alten, so typisch rein und scharf auch das wahrhaft Menschliche in ihren besten Zeiten hervortritt, eine Leidenschaft für den Besitz, welche in den Zeiten des Verfalls alle guten Eigenschaften überwucherte [1]). Die Kapitalmacht spielt schon in der Periode der Adelsherschaft eine wichtige Rolle. In Athen und Rom wird der Druck der strengen Schuldgesetze auf die ärmeren Klassen die erste Ursache zur Erstrebung bürgerlicher Reformen und zum Sturz des alten Regiments. Mit der politischen entfaltet sich auch die wirthschaftliche Freiheit und unter den günstigen Verhältnissen des Erwerbs der Reichthum mit seinem Gefolge von Ueppigkeit und Schwelgerei.

Der materielle und geistige Aufschwung, welchen Griechenland nach den Perserkriegen nahm, das Emporkommen der unteren Klassen und der Einfluss Athens hatten fast überall der alten Aristokratie ein Ende gemacht, wo dieselbe nicht, wie in Sparta, durch künstliche Mittel nothdürftig und im Widerspruche mit der Gesammtentwickelung erhalten wurde.

---

[1]) Reiche Stellensammlung über diesen interessanten Punkt bei Drumann, Arbeiter und Communisten in Griechenland u. Rom. §§. 18. 46.

Aber sehr bald erscheint in Athen und den übrigen demokratisch geleiteten Gemeinwesen eine Minoritätspartei, welche
gewöhnlich mit den Namen der „Wohlhabenden und Reicheren",
oder der „anständigen und ordentlichen Leute" [1]) bezeichnet
wird. Den Staat als solchen stellen sie nirgends in Frage,
bekämpfen aber die bestehende Verfassung und nennen das
herschende Volk verächtlich „die Menge" oder „die Vielen" [2]).
Nach dem endlichen Siege Spartas im peloponnesischen Kriege
gelangt diese Geldoligarchie fast überall zur Herschaft, und
wenn auch später die reine Demokratie zeitweise wieder ihr
Haupt erhebt, nirgends ist es ihr gelungen, und am wenigsten
in Athen, den Einfluss jener kleinen, aber mächtigen Partei
zu brechen, der für die innere wie für die äussere Politik
des demosthenischen Zeitalters so verderblich werden sollte.
Gold und Silber waren „mächtige Götter" geworden in Hellas.
Für Geld ward, je länger je mehr, Allen Alles feil: dem
Philosophen seine Weisheit, dem Redner seine Zunge, dem
Staatsmann sein Einfluss, dem Gesandten sein Mandat, dem
Richter sein Eid, dem Feldherrn sein Ruhm, dem Soldaten
sein Arm, den Gemeinden das Bürgerrecht, dem souveränen
Volke seine Wahlstimme, Vielen Vaterland und Freiheit. Alles,
was den Vätern gross und schön und verehrungswürdig erschienen war, verwitterte in dieser zersetzenden Luft und
nichts blieb zurück, als masslose Selbstsucht und Haschen
nach Genuss und all die geistreiche Sophistik, mit welcher
man die schale Speise des Lebens geniessbar zu machen suchte.
    In Rom sind sofort mit der Anerkennung der bürger-
lichen Gleichheit in den licinisch-sextischen Gesetzen, ja noch
vor denselben, die Elemente zur Bildung der neuen Aristokratie vorhanden. Es ist bekannt, wie der ganze Kampf um
Zulassung zu den höchsten Staatsämtern wesentlich von den
reichen Plebejern ausgegangen ist und wie diese ihre ärmeren
Standesgenossen nur durch die gleichzeitigen Anträge auf

---

[1]) οἱ ὀλίγοι, τὸ ἔλασσον — οἱ εὔποροι, οἱ πλουσιώτεροι — οἱ
ἐπιεικεῖς, οἱ καλοὶ κάγαθοί, οἱ χρηστοί. Vgl. Schömann, gr. A. I, 191.
[2]) τὸ πλῆθος, οἱ πολλοί.

Verbesserung ihrer materiellen Lage (Schuldgesetze, Theilnahme am ager publicus) für die Sache zu interessieren
wussten. In der That waren es auch fast ausschliesslich die
reichen plebejischen Familien, welche in der Folge die curu-
lischen Würden erlangten. Sehr bald steht eine neue herschende
Klasse vollendet da, die sich mit unübersteiglichen Schranken
gegen die übrige Bürgerschaft einzuhegen weiss, die Nobilität[1]). Man sucht das Wesen dieser Aemteraristokratie in
dem Alleinbesitz sämmtlicher Regierungsstellen und in der
Ausschliessung aller „neuen Menschen", deren Talent und
Verdienst etwa gleiche Ansprüche rechtfertigen konnten.
Neben derselben wird dann gewöhnlich eine Geldaristokratie
unterschieden, die Ritter. In Wahrheit greifen diese beiden
Klassen, sowohl in den Personen, als auch in der Sache
vielfach in einander über[2]) und charakterisieren sich als eine
grosse, fest zusammenhaltende Geldoligarchie, nur dass die
jeweiligen Regierenden den Staat durch ihre Aemter, besonders die Provinzialverwaltung, ausbeuteten, die jeweiligen
Ritter durch das Steuerpachtsystem und die grossen, vom
Staate vergebenen Unternehmungen. Nichts hat diese auf
dem sicheren Fundamente eines stets wachsenden Grundbesitzes aufgebaute Kapitalmacht mehr gefördert, als die in
rascher Folge sich ausdehnenden auswärtigen Eroberungen.
Schon in der Mitte des zweiten Jahrhunderts v. Chr. durch-

---

[1]) Vgl. Mommsen, R. G. I[4], 308. 793 ff.

[2]) Peter, Epochen der Verfassungsgeschichte d. r. Rep. S. 138 f. 253.
Lange R. A. II. S. 20: „Die gewesenen Magistrate waren die Elite der Nobilität
und des Senats, die Nobilität mit dem Senate war die Elite der equites equo
publico, diese waren die Elite der Inhaber des census equester und diese wie-
derum waren die Elite der übrigen Bürgerschaft zunächst der ersten Classe."
Die lex iudiciaria des C. Gracchus v. J. 123 v. Chr. ist weniger ein Keil zur
Sprengung der bestehenden Coalition zweier Klassen, als ein Versuch, die
Bestandtheile der unklaren Verbindung scharf zu scheiden und den eigentlichen Rittern durch Zuweisung einer bestimmten Sphäre des Regiments
eine ihrer Bedeutung entsprechende Stellung zu geben, in der richtigen
Erkenntniss, dass ein staatsrechtlich fassbarer und verantwortlicher Einfluss
einem geheimen und unverantwortlichen immer vorzuziehen ist.

dringt und beherscht sie mit der ihr eigenen und in der
römischen Gemüthsverfassung sich wiederfindenden Härte
alle Kreise des privaten und öffentlichen Lebens. Die Habsucht tritt bei den Römern mit der ganzen Brutalität und
Ungeniertheit einer Bauernleidenschaft auf und entwickelt
sich zuletzt zu der wenig beneidenswerthen Höhe, wo Armut eine Schande hiess und es Lebensprincip war: „Geld
zuerst zu erwerben und nach dem Gelde die Tugend"[1]).
Nachlass einer Forderung, Schenkungen, Bürgschaften sind
Einrichtungen, welche dem wirthschaftlichen Bewusstsein
widersprechen, genaue Buchführung über den Haushalt gehört zum Begriffe des anständigen Mannes, der daneben die
weitherzigsten Grundsätze bei Erwerb und Vermehrung des
Vermögens verträgt. Die Bequemlichkeit und Sicherheit des
Geldverkehrs, das Bank-, Associations- und Gründerwesen ist
eine mit furchtbarer Einseitigkeit entwickelte Seite des damaligen römischen Lebens[2]). Der Consul und der Prätor,
der Ritter und der Senator, jeder handelte und spekulierte
und scharrte zusammen, und, wem es nicht offen erlaubt
war, der that es auf mancherlei Umwegen, den Gesetzen
zum Hohn, unbeschadet des Amtes, oft unter dem Deck-
mantel desselben. Wo hätten in solchen Zeiten die hohen
Herren eine gute Brüderschaft mit Geldmännern und Grün-
dern verschmäht? Wer ein Amt erwerben wollte, bestach
die Wähler; wer es hatte, liess sich bestechen oder bestahl
die Unterthanen. „Wer Privateigenthum entwendet", sagt
der alte Cato, „sitzt in Gefängniss und Banden; die öffent-

---

[1]) Hor. Od. III, 24, 42. Ep. I, 1, 53 f.

[2]) Mommsen I, 860 ff. (Becker-) Marquardt, Handb. d. r. Alterth. V,
2, 7 ff. Die Geschäftspraxis war der modernen in vielen Stücken analog. Wie
es heute bei der Kapitalanlage in Werthpapieren stehende Regel ist, dieselbe nicht auf eine Effektengattung zu beschränken, sondern auf verschie-
dene Gebiete auszudehnen, so war es auch Grundsatz der römischen Geldwirthschaft, sich bei vielen Gesellschaftsunternehmungen mit kleineren
Einlagen zu betheiligen, um beim Fehlschlagen einer Unternehmung ander-
weitig gesichert zu sein.

lichen Diebe gehen in Gold und Purpur"[1]). Hielten auch noch manche an den alten Grundsätzen bürgerlicher Ehrenhaftigkeit fest, der neuen Mittel des Erwerbs konnten sie sich nicht entschlagen, wenn sie nicht auf öffentliche Geltung und Wirksamkeit verzichten wollten.

Je mehr sich unter diesen Verhältnissen der relative Begriff des Wohlstandes erweiterte, je geringer die Zahl der Ueberreichen wurde, je ausschliesslicher sich das Kapital jedes Erwerbszweiges, insbesondere des unbeweglichen Eigenthums bemächtigte, um so rascher wuchs die Zahl der Besitzlosen, um so drückender wurde die Armut, um so klaffender die Kluft zwischen den Ständen. Die wohlthätige Brücke, welche ein mittlerer Vermögensstand bildet, war bei den Alten ohnehin nie sonderlich fest. Wie aus der Erde gewachsen stand plötzlich das elendeste Proletariat in furchtbarer Massenhaftigkeit neben dem riesenhaften Reichthume Weniger. Aus gemeinsamem Schoose werden sie geboren, die Geldoligarchie, ein hochmüthiges, herschsüchtiges, üppiges Weib und neben ihr der ungleiche Bruder, der Pauperismus, vernachlässigt und missachtet, aber ungeschlacht und voll roher Kraft, mit den weitgehendsten Ansprüchen auf das gemeinsame Erbe. Die sociale Frage, welche aus diesem Gegensatze entsprang, war unter den antiken Verhältnissen ungleich schwieriger, hoffnungsloser, als unter modernen.

Es ist ein unverrückbarer Grundsatz des älteren griechischen und römischen Staatsrechts, dass Grundbesitz und Ansässigkeit die erste Bedingung der Staatsangehörigkeit sind. Die Demokratie ist in Griechenland später in Folge der vorwiegend entwickelten Handels- und Gewerbethätigkeit hin und wieder von diesem Grundsatze abgewichen. Trotzdem ist auch in den Handelsstaaten die Zahl der Grundbesitzer bis

---

[1]) Gell. N. A. XI, 18, 18. Doch berichtet Plut. Cat. m. 21 ausser manchem anderen zur Charakterisierung dieser Epoche Lehrreichen: ἐκεῖνο δ'ἤδη σφοδρότερον τοῦ Κάτωνος, ὅτι θαυμαστὸν ἄνδρα καὶ θεῖον εἰπεῖν ἐτόλμησε πρὸς δόξαν, ὃς ἀπολείπει πλέον ἐν τοῖς λόγοις, ὃ προςέθηκεν, οὗ παρέλαβεν.

späthin eine über alle Erwartung grosse geblieben, und niemals ist das Recht, Grundbesitz innerhalb des Staatsgebietes zu erwerben, den Nichtbürgern ertheilt worden [1]). In Rom ist der Begriff des Bürgers lange Zeit unzertrennlich von dem des Bauern. Das Streben, den Ackerbau als Grundlage des Staates zu erhalten, bildet den Inhalt der republikanischen Verfassungsgeschichte, das Ziel der Eroberungspolitik. Das servianische Staatsgrundgesetz, der Kampf gegen das alte Schuldrecht, die Landassignationen, das Colonisationssystem, die Versuche der Verarmung zu steuern, sie alle entspringen aus dem Streben diese Grundlage zu befestigen oder festzuhalten [2]). Die Geldwirthschaft vor allem findet im Grossgrundbesitze ihre sicherste Basis.

Ueberall wo, um einen Ausdruck von Justus Möser zu gebrauchen, der Grundbesitz die Staatsaktie bildet — und dies wird nach Ueberwindung der ersten Kulturstufe, auf welcher die Natur mühelos alle Bedürfnisse befriedigt, mehr oder weniger bei allen Völkern der Fall sein — zeigt sich bei fortschreitender Civilisation die Nothwendigkeit, eine neue Reihe von Staatsaktien auszugeben, sobald durch das Auftreten einer selbständigen Gewerbe- und Handelsthätigkeit neben dem Ackerbau eine neue Gattung von Eigenthum geschaffen wird [3]). So wichtig und folgenreich dieser Satz für die moderne Entwickelung ist, so wenig passt er für die alten Verhältnisse. Hier fehlte gänzlich die erste Vorbedingung zur Bildung einer selbständigen Bürgerklasse von Gewerbetreibenden und Kaufleuten, die Achtung der Arbeit.

Die handwerksmässigen Verrichtungen, meinten die Griechen, drückten den Geist nieder und hinderten die freie

---

[1]) Schömann, gr. A. I, S. 101. 108. 335. 341. Hermann, gr. Privatalterth. (2. Aufl.) §. 14, 8. 56, 12. Vorkehrungen gegen das Latifundienwesen Aristot. Polit. II, 4, 4. VI, 2, 5. vgl. V, 6, 6.

[2]) Arnold, Cultur und Recht der Römer S. 23 ff. Drummann a. a. O. §. 21. Mommsen, R. G. I, 186. 296 ff. 306. 445. 866. Widerstand gegen den Versuch, Nichtansässigen grösseren Einfluss zuzuweisen S. 310.

[3]) List, Die Ackerverfassung, die Zwergwirthschaft u. d. Auswanderung, S. 1.

Ausbildung des Körpers; jede Thätigkeit um des blossen Erwerbs willen lässt Gemeinsinn und Unabhängigkeit der Gesinnung nicht aufkommen und macht gleichgültig gegen das
Schöne und Gute, unfähig zu Krieg und Staatsgeschäften.
Der beste Staat schliesst die Arbeiter vom Bürgerrechte aus,
und wo sie dasselbe erhalten konnten, blieben sie stets eine
missachtete und einflusslose Klasse [1]. In Rom sind früh die
auf den Absatz arbeitenden Gewerbetreibenden von Staats-
wegen in Zünften geordnet worden [2]; aber je mehr sich der
Grundsatz geltend machte, dass der Landbesitz die alleinige
Unterlage staatlicher Berechtigung und Belastung sei, um so
mehr verbreitete sich eine hoffärtige Verachtung der Handwerker und Krämer. Mit körperlichen Kräften des Erwerbs
wegen zu arbeiten gilt für schimpflich und gemein; Frei-
muth und tugendhafte Gesinnung wohnt nicht in der Werk-
statt [3]. Je mehr die Kapitalmacht in alle Verhältnisse eindrang, je schroffer nach dem Aufhören der Selbstbewirth-
schaftung der Güter die Sonderung zwischen städtischem und
ländlichem Leben wurde, um so mehr vergass man selbst
der Thätigkeit, welche Rom gross gemacht hatte. Es gehörte
schon um die Mitte des zweiten Jahrhunderts v. Chr. zum
feinen städtischen Ton, über die Unbehülflichkeit und Rohheit
der Bauern zu spotten [4]; was hatte da Gewerbe und Handwerk zu erwarten? Zur Zeit des Augustus fand ein hochge-
bildeter griechischer Mann [5] die Verachtung der Arbeit als
seit Alters eingebürgerte Anschauung, so dass er behaupten
konnte, schon Romulus habe die Handwerker von der Theilnahme am Staate ausgeschlossen.

---

[1] Vergl. im Allgemeinen Hermann a. a. O. §. 41. Drumann §. 7
Schömann, I. S. 109.
[2] Ueber die Handwerkergilden des Numa Drumann §. 22. Mommsen
I, S. 196 f. Levasseur, histoire des classes ouvrières en France I, S. 3 ff.
[3] Drumann S. 156 f.
[4] Valer Max. VII, 5, 2. vgl. Cic. de off. I, 42, 150. p. Flacc. 8, 18.
Liv. VIII, 20. Sall. Jug. 73, 6.
[5] Dionys. Hal. A. R. IX, 25. vgl. II, 28.

Mochte auch trotz dieser erschwerenden Umstände der
ärmere Bürger aus Noth nicht selten zur Arbeit greifen,
immer that er es mit Widerstreben und natürlich nur in
solchen Erwerbszweigen, welche eines erheblichen Betriebs-
kapitals nicht bedurften. Die eigentlichen Arbeiter, deren
doch ein freies Staatsbürgerthum im Sinne der Alten am
wenigsten entrathen konnte, waren die Sklaven[1]. In älterer
Zeit unter einfachen Verhältnissen, wo der Ackerbau die einzige Nahrungsquelle bildete, war die gesellschaftliche Stellung
der wenigen, gewöhnlich durch Kriegsgefangenschaft, selten
durch Kauf erworbenen Knechte nicht sehr abweichend von
der des Herrn. Mit dem Aufkommen erweiterten Verkehrs
und vielfältiger Industrie und der Nothwendigkeit der Arbeitsgliederung wuchs die Zahl der unfreien Arbeiter und
überstieg gar bald die der freien Bürger. Das Kapital brachte
in der Stellung der Sklaven zum Herrn etwa dieselbe Um-
gestaltung hervor, wie die heutige Grossgüterwirthschaft und
der Fabrikbetrieb durch grosse Geldmänner und Aktienge-
sellschaften im Gegensatz zur kleinen Bauernwirthschaft und
zum Handwerk. Das frühere persönliche Band zwischen Herrn
und Sklaven wurde bedeutend gelockert oder gänzlich zer-
schnitten, der Mensch vollständig zur Sache, zum blossen
Mittel des Gelderwerbs herabgewürdigt, das man insgemein
nicht mehr achtete, als ein nothwendiges Geräthe, dessen
Zerstörung Kosten für die Neubeschaffung verursachen würde.
Daneben zeichnete sich diese Wirthschaft durch die Massenhaftigkeit der aufgewandten Menschenkraft aus, die alles das
zu leisten hatte, was jetzt durch vervollkommnete Werkzeuge
und Maschinen erreicht wird[2]. Selbst der ärmere Bürger
war selten ohne einen oder einige Sklaven, die Reichen be-
sassen oft viele Hunderte, ja Tausende.

In Griechenland, wo die Landwirthschaft wohl nur ver-

---

[1] Ueber das Folgende vgl. im Allgemeinen Hermann a. a. O. §. 12 f.
Schömann I, 109 f. 114. 360 ff. Drumann S. 64 ff. 155 ff. Becker-Marquardt
II, 1, 54 ff. V, 1, 123 ff.

[2] Roscher, Ansichten der Volkswirthschaft S. 16 f.

einzelt im Grossen getrieben werden konnte und das Kapital
vorwiegend in Handels- und Industriegeschäften angelegt war,
besorgten diese Massen die ganze Produktion in Fabriken,
Rhederei, Schiffahrt, Bank- und Wechselgeschäften, Gruben
und Hüttenwerken. Eigene Aufseher, gewöhnlich selbst Sklaven oder Freigelassene, hatten den Betrieb zu leiten und den
Herren über den Gewinn Rechnung zu legen. Noch bequemer
war es, grosse Arbeiterschaaren zusammenzukaufen, sie ab-
richten zu lassen[1]) und in Bergwerke, zu Bauten oder als
Lohndiener zu vermiethen. Selbst die Berufszweige, welche
ihrer Natur nach nur den Kleinbetrieb vertragen, wie manche
persönliche Dienstleistungen, Kramläden, Garküchen, wurden
von Sklaven mit dem Kapitale des Herrn betrieben.

In Rom betrachtet die Kapitalmacht in ähnlicher Weise
die Sklavenarbeit als Unterlage jeder gewinnbringenden Geld-
anlage, nur dass hier die ganze Strenge der väterlichen Gewalt über Leben und Tod des Unfreien zu Recht bestand
und kein Strahl jener Humanität das Verhältniss bescheint,
welche bei den Griechen den Arbeitern wenigstens die Menschenwürde, wenn auch nicht das Menschenrecht zuerkannte. Mit
dem Aufkommen der grossen Gütercomplexe ist auch die
intensive Sklavenwirthschaft da, welche man als Plantagen-
system bezeichnet hat. Sie durchdringt dann sowohl sämmtliche mit der Landwirthschaft verwandten Erwerbszweige, als
auch den Grosshandel und das vielseitige Gebiet der Staats-
pachtungen. Bei den Römern kommt noch hinzu die dem
Aufblühen der Industrie und des Produktenaustausches so
hinderliche „geschlossene Hauswirthschaft", in welcher der
ganze Kreislauf der Arbeitserzeugnisse von der Produktion
bis zur Consumtion innerhalb der wirthschaftlichen Einheit
des Hauses sich selbständig vollzieht. Es ist immer ein Stolz
des reichen Römers geblieben, sagen zu können, dass alle
Bedürfnisse des Hauses durch die Arbeit der eigenen Wirth-

---

[1]) Eigene Lehranstalten für Sklaven Aristot. Polit. I, 2, 22, wo
Schneider's Anm. z. vgl.

schaft befriedigt werden könnten[1]). Die Griechen kannten
zwar auch diese bequeme Oekonomie[2]); allein im Ganzen
wurde doch bei ihnen mehr gekauft, als bei den Römern,
welche nur etwa die feineren Luxus- und Kunstwaaren durch
etruskische, später griechische Einfuhr bezogen[3]).

Freilich umfasste die Sklavenarbeit trotzdem nicht alle
Zweige des Erwerbs und es wäre immer noch der nicht un-
beträchtliche Kreis jener Geschäfte für die armen Bürger
übrig geblieben, mit welchen die Geldaristokratie aus con-
ventioneller Scheu sich nicht befasste, wenn nicht hier eines
Theils die Freigelassenen, gestützt auf die Geldmittel ihrer
früheren Herren, eine überlegene Concurrenz geboten, anderen
Theils die Schutzverwandten und Fremden, welche in Masse
nach den grossen Städten strömten, durch Geschicklichkeit
und Geschäftskenntniss sie überflügelt hätten.

So umschlingen Geldoligarchie, Pauperismus, Sklaventhum
das ganze Leben der Alten, ein entsetzlicher dreigliederiger
Ring, von dem kein Stück zu lösen war, ohne die anderen

---

[1]) Plin. N. H. XVIII, 40 : nequam agricolam esse, quisquis emeret, quod
praestare ei fundus posset. Petron. 78 : omnia domi nascuntur.

[2]) Hermann a. a O. §. 42, 3.

[3]) Wenn hier im Allgemeinen von denjenigen Sklaven abgesehen
ist, welche zum persönlichen Dienste des Herrn verwandt wurden, so geschieht dies desshalb, weil ihre Zahl trotz der fast ins Spitzfindige getrie-
benen Arbeitsgliederung der reichen Häuser nur einen ziemlich niedrigen
Procentsatz der ganzen Sclavenmenge ausmacht. Zugleich ist die Arbeit
dieser Bedientenschaaren zu wenig produktiv, um für unsere Frage in Betracht kommen zu können. Von ihrer Lage haben uns die römischen Schriftsteller wahre Schauergemälde überliefert, und manche Neueren können sich
nicht genug thun, dieselben in ihrem ganzen blutigen Schmutz und ihrer
pikanten Ekelhaftigkeit nachzuzeichnen. Es soll an der Wahrheit solcher
Schilderungen nicht gezweifelt werden; nur wäre hinzuzufügen, dass in
vielen Fällen der persönliche Verkehr mit der Familie des Herrn die Lage
des Haussklaven erheblich milderte und dass gerade hier sich jene Zwischen-
stufen zwischen der eigentlichen Sklaverei und der vollen Freiheit am
häufigsten bildeten. Die geringe Anzahl für den persönlichen Dienst bestimmter Sklaven, welche der alte Cato, Scipio u. a. verwandten, sind schon
von den Alten als Ausnahmen gefasst worden. Appul. Apol. p. 432. Flor.
Athen. VI. p. 273; Plut. Moral. p. 200;

aus ihrer Lage zu rücken. Die sociale Frage, welche sich aus dem doppelten Gegensatze des Proletariats und des Sklaventhums zur Geldoligarchie entwickelte, hätte folgerecht eine doppelte sein müssen. Trotzdem kommt politisch nur der Kampf der besitzlosen Masse der Freien gegen die Minderzahl der Reichen in Betracht, weil der zur Sache erniedrigte, rechtlich nur unter der Rubrik des Privateigenthums unterzubringende Mensch vollständig aus dem Rahmen der vorhandenen Staatsorganismen herausfiel. Für ihn gab es keinen Anhaltspunkt auf einem vorhandenen Rechtsboden, als den der Arbeit, und gerade diese erkannte man nicht in ihrem Werthe an. Der Proletarier dagegen stand schon auf der untersten Stufe der Leiter, an der er emporzuklimmen hatte. Das antike Proletariat fühlte sich stets als eine übervortheilte, gewaltsam aus seinem Rechte gedrängte Klasse. In einer Epoche einfacher Wirthschaftsverhältnisse, wo das Geld keine bedeutende Rolle spielte, der mittlere und kleine Bodenbetrieb Regel, der Abstand zwischen Begüterten und Armen nicht sehr gross war, hatte es volle staatliche Gleichberechtigung erlangt. Jetzt musste es nichts bitterer empfinden, als dass ihm unter veränderten Verhältnissen die sachliche Unterlage für ein unabhängiges Bürgerthum und die Erlangung der öffentlichen Ehrenstellen fehlte. Ein Emporkommen auf natürlichem Wege machten die landläufige Verachtung der Arbeit und die Occupation der Erwerbszweige durch Kapital und Sklaventhum fast unmöglich. In seiner Unbildung und Armuth, in seiner Arbeitslosigkeit und Massenhaftigkeit, zugleich aber in dem Gefühle seiner politischen Wichtigkeit bildete die unbeständige und unzufriedene Menge eine stete Gefahr für den Staat und die Herschaft der Reichen. Diese haben denn auch sowohl in Athen als in Rom, sobald die Entlastung der Hauptstadt durch Kleruchieen und Kolonieen nicht mehr möglich war, durch Sorge für billige Nahrung [1]) und Amüsement die Masse bei guter Laune zu erhalten suchen

---

[1]) Vgl. Roscher, Ueber Kornhandel und Theuerungspolitik. 3. Aufl. S. 86.

müssen. Was konnte man Besseres thun, wenn man nicht die ganze bestehende Gesellschaft über den Haufen werfen wollte?

Es liegt nicht in dem Zwecke dieser Uebersicht, die einzelnen Versuche zu verfolgen, welche die alten Staaten gemacht haben, um dem Proletariate aufzuhelfen. In Griechenland entwickelte der in Fleisch und Blut des Volkes übergegangene demokratische Gedanke an dem schneidenden Gegensatze der wirthschaftlichen Zustände seine logische Consequenz, den Communismus [1]). Im praktischen Staatsleben ist er nur in vereinzelten Ansätzen zu erkennen, den Theatergeldern, dem Richter- und Ekklesiastensolde, der Abwälzung der Staatslasten auf die Reichen; in der Litteratur liegt er bis zu den äussersten Folgerungen der Güter- und Weibergemeinschaft ausgebildet vor. Bei den Römern hatte die Autorität des Staates selbst in den Herzen der ärmsten Bürger tiefere Wurzeln geschlagen, als in den von ewigem Parteihader und den radikalsten Umwälzungen fortwährend durchwühlten griechischen Gemeinwesen. Die Versuche zur Correctur der einseitigen wirthschaftlichen Entwickelung lehnten sich desshalb an das Bestehende an und bezweckten durch Wiederherstellung eines kräftigen Bauernstandes die Hauptstadt von den verarmten Massen zu entlasten.

---

[1]) Phaleas von Chalkedon, der erste Theoretiker des Communismus Aristot. Polit. II, 4. Das Hauptsächlichste über den Communismus in der Litteratur bietet Drumann a. a. O. §. 19. Man unterschätzt sicher die Macht solcher Ideen auf ein materiell gedrücktes Proletariat, wenn man ihren einzigen Entstehungsgrund in dem von der Phantasie wunderbar verklärten dorischen Musterlande sucht. Der Staat des Platon ist eine Utopie; ist desshalb seine scharfe Zeichnung der Geldoligarchie weniger wahr? Bei der politisch-praktischen Tendenz des Aristophanes aber ist es völlig undenkbar, dass er in seinen Ekklesiazusen die Idee der „Gründung eines communistischen Staates mit Güter- und Weibergemeinschaft unter dem Regimente der Frauen" hätte auf die Bühne bringen können, lediglich um einen Windmühlenkampf gegen vornehme Philosopheme zu führen. Wie weit freilich solche Gedanken im Volke Raum gewonnen hatten, lässt sich bei dem Mangel aller Nachrichten schwer entscheiden. (Demosth.) Phil. IV, 44 τὸ ἀπὸ τῶν κοινῶν ἔϑος (der Geldvertheilung) ἐπὶ τὰ ἴδια μεταβιβάζοντας, leider nicht klar und beglaubigt genug.

Ein Zurückschrauben der Besitz- und Erwerbsverhältnisse auf den früheren der staatlichen Gleichberechtigung
Aller mehr entsprechenden Standpunkt war unmöglich, so
lange man nicht auch die Bedürfnisse zurückschrauben und
die Macht des Geldes als Verkehrsmittel aufheben konnte.
Die angewandten Palliative beseitigten nur für Augenblicke
die Symptome der Krankheit. Die einzig wirksame Hülfe hätte
in einer allmählichen Emancipation der Sklaven gelegen und
in dem Uebergange zur freien Arbeit, den die reichlich vorhandenen Geldmittel gestatteten. Allein so lange überall die
Sklavenmärkte blühten mit ihrer Zufuhr aus den an Menschenkraft unerschöpflich scheinenden Barbarenländern, so lange
jeder neue Krieg (wenigstens bei den Römern) neue Massen
gefangener Feinde zu den billigsten Preisen lieferte und man
den Arbeiterbestand noch nicht auf dem Wege der Fortpflan-
zung vollzählig zu erhalten hatte, blieb die Vertauschung der
bequemen unfreien mit der freien Arbeit ein frommer Wunsch.
Von der Schlechtigkeit der Sklavenproduktion war man zwar
längst überzeugt[1]); aber man sah auch zu gut ein, dass man
nicht sofort einen fleissigen geschickten Arbeiter aus einem
arbeitsscheuen Proletarier machen könne, der mit allen Lastern
behaftet war, die dem Müssiggange folgen. Nicht ein einziges
Mal im ganzen Alterthume erhebt sich ein ernstlicher Gedanke an Abschaffung der Sklaverei.

Bei den Griechen, welche überhaupt mehr Talent hatten,
die politischen den wirthschaftlichen Verhältnissen gemäss zu
gestalten, als die conservativen Römer, taucht dagegen der
Versuch auf, die Sklavenarbeit durch den Staat zu organisieren.
Der Gedanke lag nahe, da der Staat ohnedies eine beträchtliche Sklavenzahl in seinen Diensten hielt. Um von den Luft-
gebäuden der Theoretiker vollständig zu schweigen, wird schon
in der von einem politisch gemässigten Athener um 355 v.
Chr. verfassten praktischen Schrift von den Staatseinkünften

---

[1]) Hom. Od. XVII, 320 ff. Plat. Legg. p. 776 extr. Plin. N. H.
XVIII, 7. Colum. de re rust. I, 7.

der Vorschlag gemacht, der Staat solle zur besseren Ausbeutung der Laurischen Silberbergwerke eine die Zahl der freien
Einwohner um das Dreifache übersteigende Menge Sklaven
aufkaufen und an Unternehmer vermiethen [1]). Wahrscheinlich
in dieselbe Zeit oder wenig später fällt das Projekt des Diophan-
tos, sämmtliche Handwerke durch Staatssklaven betreiben zu
lassen, wie dies zur Zeit des Aristoteles in Epidamnos wirk-
lich geschah [2]).

In der That lässt sich nicht leugnen, dass die unabseh-
baren Sklavenmassen eine ernste Gefahr für die Gesellschaft
in sich trugen. Es war an und für sich schon ein bedenk-
licher Widerspruch, dass der Staat die grosse Mehrzahl der
auf seinem Gebiete lebenden menschlichen Bewohner für
gewöhnlich weder zum Kriegsdienste heranziehen konnte, noch
zu sonstigen Lasten, zu den Letzteren wenigstens nicht anders,
als alles bewegliche und unbewegliche Eigenthum der Privaten [3]). Konnte man von dem seiner Freiheit beraubten Barbaren
oder dem durch Krieg überwundenen und nicht selten (wenigstens bei den Römern) seinem Herrn an Bildung über-
legenen Feinde Interesse für den Staat, Achtung für die
Nationalität erwarten, deren wirthschaftliche Bedürfnisse er
mit blutigem Schweisse befriedigen helfen musste, die ihm aber
nicht einmal die einfachsten Menschenrechte zuerkannte? Die
Grundsätze, welche uns die Alten über Behandlung und Ver-
wendung der Sklaven überliefert haben, zeugen von tiefer

---

[1]) Xenoph. (?) de vect. 4, 17 ff.

[2]) Aristot. Pol. II, 4, 13. Da A. mit Bezug auf das communistische
System des Phaleas spricht, so können die Worte τοὺς τὰ κοινὰ ἐργαζο-
μένους nur so erklärt werden, wie im Texte geschehen, d. h. von einer
den modernen ateliers nationaux im Wesentlichen entsprechenden Einrichtung. Die „öffentlichen Arbeiten" bloss den Sklaven zuzuweisen, wie Stark
bei Hermann a. a. O. §. 42, 8 will, wäre keine Neuerung gewesen, da für
diese ohnehin Sklaven verwandt wurden.

[3]) Sklavensteuer in Athen auf den Kopf 3 Obolen. Xen. de vect. 4,
25. Harpocr. s. v. μετοίκιον. Verkaufssteuer in Rom Becker III, 2, 209.
Auch die in Zeiten der Noth zum Kriegsdienst verwandten Sklaven wurden
vorher den Herren abgekauft. Boeckh, Staatsh. d. Ath. I, 281. Liv. XXII, 57, 11.

Menschen- und Nationalitätenkenntniss; aber trotz der raffi-
niertesten Zuchtregeln hielt sich der von der Gesellschaft
unter die Füsse getretene Mensch meist auch von allen menschlichen Gesetzen entbunden. Die Sklaverei wirkt depravierend
auf Herrn und Knecht. War schon für gewöhnlich der grausame
Sklavenhalter keinen Augenblick vor blutiger Rache sicher,
galt schon im gemeinen Leben das Sprüchwort: „Soviel Sklaven, soviel Feinde [1]," wie sollte es werden, wenn die unfreien
Massen zur Zeit der Noth dem verjährten Unrecht ihr unver-
äusserliches Urrecht entgegensetzten?

---

[1] Macrob. Sat. I, 11.

II. Aeltere Sklavenaufstände.

Hat der Staat von den beiden einander bedingenden · socialen Fragen, dem Pauperismus und dem Sklaventhum, stets nur die erstere einer Berücksichtigung gewürdigt, stand dem Proletariate der gesetzliche Weg zur Durchsetzung seiner Ansprüche offen, so blieb für den Sklaven kein anderes Rettungsmittel, als gewaltsame Selbsthülfe, Umsturz aller gesellschaftlichen Verhältnisse. Eine breite Kluft trennte immer noch den arbeitslosen freien von dem zur Arbeit gezwungenen unfreien Proletarier und erst in den römischen Pöbelrevolten des ersten Jahrhunderts v. Chr., als der Bodensatz der ganzen Welt in der Hauptstadt zusammengeflossen war, bemerken wir ein Zusammengehen Beider unter hocharistokratischen Führern. Für gewöhnlich war der freie Pöbel viel zu faul und indolent, um selbst Kopf und Hände zu seiner Erhebung zu regen; einsichtige Staatsmänner oder ehrgeizige Volksführer mussten ihn erst treiben und leiten. Den Sklaven gab die Arbeit, selbst in ihrer schmählichen Herabwürdigung, noch Muth und Stärke genug, um wenigstens ihre Ketten zu sprengen. Ueberall, wo die früher geschilderte systematische Ausnützung der Menschenkraft durch eine Minderheit Bevorzugter Regel geworden war, treten die Sklavenempörungen als eine ebenso gewöhnliche als gefürchtete Erscheinung auf.

Für Griechenland hat man dieselben in Abrede stellen wollen. Es mag zugegeben werden, dass der gekaufte Barbar in vielen Fällen die Einflüsse griechischer Bildung und griechischer Freiheit [1]) wohlthätig empfand; schwerlich vermochten

---

[1]) Vgl. die komischen Auslassungen eines athenischen Hochtory aus der ersten Zeit des peloponnesischen Krieges über die Ungebundenheit der Sklaven in der Pseudoxenophontischen πολιτεία ᾿Αϑην. 1, 10—13; dazu Demosth. Phil. III. §. 3. Ueber den Gegensatz römischer und griechischer Sklavenbehandlung Plut. de garr. 18.

sie ihn, seine Wälder und Berge zu vergessen. Das Entlaufen
der Sklaven, besonders in Kriegszeiten, war so gewöhnlich,
dass nicht nur durch besondere Gesetze dagegen Vorkehrung
getroffen [1]), sondern auch in Staatsverträgen die Zurückweisung
solcher Ausreisser von Seiten des Feindes besonders ausbe-
dungen wurde [2]). Im Jahre 413 v. Chr. schlugen sich allein
20000 athenische Fabrikarbeiter zu den Lakedämoniern in
Dekelea [3]), ein schwerer Schlag für den Laurischen Bergbau.
Wo viele Sklaven derselben Nationalität in einer Stadt zusammen lebten, sagt Platon [4]), geschähe grosses Unheil, was
doch nur auf wirkliche Aufstände mit all ihren Gräueln zu
deuten ist. Genauere Kenntniss besitzen wir allein von den
Verhältnissen in Chios. Hier hatte sich durch den einträglichen orientalischen Handel schon in sehr früher Zeit neben
der Demokratie die Geldoligarchie entwickelt mit einer sprüch-
wörtlich gewordenen Schwelgerei [5]). Daneben gelten die Chier
unter den Griechen als die ersten, welche Kaufsklaven aus
den Barbarenländern hielten, und Thukydides versichert, dass
sie deren mehr besässen, als irgend eine andere griechische
Stadt [6]). Der Egoismus des Gelderwerbs hatte bald alles menschliche Gefühl in ihnen erstickt; im Anfang des 5. Jh. trieben
sie einen schwunghaften Handel mit schönen Knaben, die
sie als Eunuchen zurichteten und in Ephesos und Sardes zur
Einfuhr nach den Harems des inneren Persiens verkauften [7]).
Auf der Insel war es etwas ganz gewöhnliches, dass die miss-
handelten Feld- und Fabrikarbeiter in den rauhen, schluchten-
reichen Gebirgen des Nordens eine Zuflucht suchten und von

---

[1]) Hermann a. a. O. §. 13, 3.

[2]) Thuc. IV, 118, 7.

[3]) Thuc. VII, 27. Xen. de vect. 4, 25.

[4]) Legg. VI. p. 777:, πολλάκις ἐπιδέδεικται — περὶ τὰς τῶν ἐκ
μιᾶς φωνῆς πολλοὺς οἰκέτας κτωμένων πόλεις, ὅσα κακὰ ξυμβαίνει.

[5]) Thuc. VIII, 45: Χῖοι πλουσιώτατοι ὄντες Ἑλλήνων, vgl. Titt-
mann, Staatsverf. S. 436. Petron. Sat. 63: vitam Chiam gessi.

[6]) Theopomp. bei Atheu. VI. p. 265: Thuc. VIII, 40.

[7]) Herod. VIII, 105.

hier aus schaarenweise die Landgüter ihrer früheren Herren plünderten. „Kurz vor meiner Zeit," so erzählt der Syraku-saner Nymphodoros[1]) in seiner Küstenbeschreibung Asiens (Mitte des 3. Jh. n. Chr.) „entlief nach´der Erzählung der Chier ein Sklave und hielt sich in den Bergen. Tapfer und vom Glücke begünstigt, führte er seine Genossen, wie ein König sein Heer. Da nun die Chier öfters gegen ihn zu Felde ge-zogen waren, ohne trotz harten Verlustes etwas auszurichten, so sagte Drimakos (das war der Name des Ausreissers) zu ihnen: ‚Was euch, ihr Herren von Chios, widerfahren ist, wird nie sein Ende haben. Geschieht es doch nach einem von der Gottheit gegebenen Orakelspruche. Wenn ihr mir aber folgt und uns in Ruhe lasset, so sollt ihr es nicht zu bereuen haben.‘ Da nun die Chier mit ihm auf einige Zeit Vertrag und Waffenstillstand schlossen, so machte er sich eigenes Mass und Gewicht und ein eigenes Siegel. Das zeigte er den Chiern und sprach: ‚Was ich von einem unter euch nehme, werde ich nach diesem Mass und Gewichte nehmen, und wenn ich meinen Bedarf habe, werde ich mit diesem Siegel die Vorrathskammern wieder versiegeln. Wenn euch aber Sklaven entlaufen, so werde ich eine Untersuchung anstellen: finde ich, dass sie in Folge unerträglicher Leiden davongegangen sind, so werde ich sie bei mir behalten; wissen sie aber nichts Stichhaltiges vorzubringen, so werde ich sie ihren Herren zurücksenden.‘ Als nun die übrigen Sklaven sahen, dass die Chier mit Freuden auf diese Bedingungen eingingen, entliefen sie viel seltener, aus Furcht vor der Unter-suchung des Drimakos. Seine eigenen Leute aber fürchteten ihn viel mehr, als früher ihre Herren und gehorchten ihm wie einem Hauptmanne. Denn wer keine Mannszucht hielt, den bestrafte er und erlaubte niemanden, ohne seinen Auf-

---

[1]) Athen. VI p. 265ᵈ — 266ᵈ Ueber das Zeitalter des Nymphodoros vgl Westermann in Pauly's Real-Encycl. V. S. 193 f. Manches zur Erläu-terung der Natur und Wirthschaftsweise der Insel in dem Vortrag von Ecken-brecher: Die Insel Chios. Berl. 1845. — Auf ähnliche Verhältnisse in Samos deutet die Sage bei Athen. VI. p. 267ᵇ

trag einen Acker zu plündern oder sonst Schaden zu thun.
An den Landesfesten jedoch zog er umher und nahm von den
Gütern Wein und stattliche Opferthiere und was ihm sonst
die Herren spenden mochten. Und wenn er merkte, dass ihm
einer hinterlistig nachstellte, so strafte er ihn. Als Drimakos
alt geworden war und die Stadt einen hohen Preis ausgesetzt
hatte für den, welcher ihn lebend oder todt fienge, rief er
eines Tages seinen Liebling und sagte zu ihm: ‚Dich habe
ich lieb gewonnen vor allen Menschen und du bist mir Kind
und Sohn und Alles, was mir theuer ist. Ich habe genug
gelebt; du aber bist jung und hast die Blüte des Daseins vor
dir. Du sollst ein guter und wackerer Mann werden. Nun gibt
die Stadt der Chier dem, der mich tödtet, vieles Geld und ver-
spricht ihm die Freiheit. Desshalb musst du mir das Haupt
abschneiden und es nach Chios bringen, das Geld nehmen
und glücklich werden.‘ Obgleich der Jüngling sich heftig
sträubte, so liess er sich doch zuletzt überreden. Er empfing
von den Chiern das Geld, begrub den Körper und zog heim
in sein Vaterland. Die Chier aber erinnerten sich bald, als sie
wieder von den Sklaven viel Schaden und Plünderung erlitten,
der Billigkeit des Todten und errichteten ihm ein Grabheiligthum[1]) in ihrer Feldmark und nannten es das Denkmal des
wohlwollenden Heros. Und noch jetzt bringen ihm die ent-
laufenen Sklaven die Erstlinge dar von Allem, was sie rauben.
Man sagt auch, dass er vielen Chiern im Schlafe erscheine
und ihnen die heimlichen Anschläge der Sklaven voraus ver-
künde. Jene kommen dann und opfern an dem Orte, wo das
Grabheiligthum sich befindet.“

Mag man einzelne Züge dieser Geschichte romanhaft
finden: es bietet sich auch nicht der leiseste Grund, an ihrer
Echtheit zu zweifeln, und selbst wenn die klugen chiischen
Kaufleute sie zur Erklärung des Heroons und als Abschreckungs-
mittel für ihre Sklaven erfunden hätten, bliebe sie darum weniger ein treues Spiegelbild vorhandener Zustände?

---

[1]) Ueber die Sitte vgl. Stark bei Hermann a. a. O. §. 40, 16. Ross,
Inselreisen I. S. 72.

Der früheste römische Sklavenaufstand, von welchem
uns Kunde zugekommen ist, fällt in die Zeit der ersten socialen Krisis, als die überschuldete plebeische Kleinbauernschaft
ihren Verzweiflungskampf um Freiheit der Person und des
Eigenthums mit der patricischen Kapitalmacht führte. Im
Jahre 419 v. Chr. verschwor sich eine Anzahl städtischer
Sklaven, zur Nachtzeit Rom an verschiedenen Stellen zugleich
anzuzünden und unter der allgemeinen Verwirrung sich der
Burg und des Kapitols zu bemächtigen. Im Besitze der festen
Punkte wollten sie dann die übrigen Sklaven zur Freiheit
aufrufen, mit ihnen die Herren ermorden, die Weiber und
Güter der Erschlagenen unter sich vertheilen. Der Anschlag
wurde jedoch verrathen, die Rädelsführer ergriffen und ge-
kreuzigt [1]). Die Thatsache deutet darauf hin, dass die in
den alten Arbeitergilden der Königszeit liegenden fruchtbaren Keime zur Entwickelung der freien Arbeit in der
Luft des egoistischen Patricierregimentes nicht gediehen waren. Das Kleingewerbe wurde wohl schon in dieser Zeit
meist von Sklaven und Freigelassenen betrieben, auf eigene
Hand, jedoch im Dienste des Kapitals. Aber auch auf den
Feldern krankte das alte Wirthschaftssystem, nach welchem
grössere Güter an eine zahlreiche Klasse theils freier, theils
unfreier Kleinbauern in Parcellen verpachtet wurden und diesen die Möglichkeit einer zwar beschränkten und sparsamen,
aber immerhin selbständigen Haushaltung gewährten [2]). Das
Licinisch-Sextische Fünfhundertmorgengesetz, welches der
Besitznahme übermässig grosser Strecken des Gemeindelandes
Einhalt thun sollte, machte auch den ersten Versuch, die freie
Arbeit gesetzlich zu schützen, indem es die Gutsbesitzer an-
hielt, neben den Sklaven eine gewisse Anzahl freier Knechte
und Taglöhner zu beschäftigen [3]). Die Vorschrift wurde jeden-

---

[1]) Dionys. Hal. exc. XII, 5. Script. vet. nova collectio e Vat. codd.
ed. A. Mai II. p. 468. Liv. IV, 45. vgl. Mommsen I, 450 f. Auch später
sind „Brandstiftungen eine Hauptwaffe meuterischer Proletarier." Roscher in
Schmidts Ztschr. f. Geschichtswiss. III, 437.
   [2]) Mommsen R. G. I, 193 ff.   [3]) Appian. B. C. I, 8.

falls ebensowenig gehalten, als jene andere in Betreff des
Landmasses, deren Kurzlebigkeit eine vielleicht gut erfundene
Ueberlieferung damit bezeichnet, dass der Gesetzgeber auch
der erste Uebertreter seiner Satzung gewesen [1]). Kaum zehn
Jahre später (357) beschliesst das bewaffnete Volk im Lager
von Sutrium, dass von jeder Freilassung fünf Procent vom
Werthe des Emancipierten in den Staatssäckel fliessen solle.
Man sah damals die aus einer solchen Steuer zu erwartenden
Einkünfte als beträchtlich an, und dass die Freilassungen
trotz dieser Erschwerung immer zunahmen, beweist neben
den Versuchen die staatliche Stellung der Libertinen zu regeln[2]),
die Thatsache, dass, als man später jene Gelder zur Anlage
eines eisernen Fonds für den Fall äusserster Kriegsnoth verwandte, im Jahre 209 sich nicht weniger als 4000 Pfund
Goldes in der Kasse vorfanden[3]). Ohne Zweifel hat während
dieser Zeit die Sklavenwirthschaft sich mehr und mehr bei
den grossen Besitzern eingebürgert; nur war ihr verderblicher
Rückschlag auf den mittleren und kleinen Bauernstand dadurch weniger fühlbar geworden, dass die fortwährenden
Eroberungen auf italienischem Gebiete durch Kolonieen und
Landanweisungen den Verarmten immer wieder aufgeholfen
hatten[4]). Es ist richtig, was man bemerkt hat, der hanniba-
lische Krieg fand geschlossene Massen wohlhabender Bauern

---

[1]) Liv. VII, 16. vgl. Appian. B C. I, 8. [2]) Mommsen, R. G. I, 310.
[3]) Liv. VII, 16, 7. XXVII, 11, 1. Dass die Abgabe nicht sofort zur
Anlage einer Nothkasse verwandt wurde, scheint die erste Stelle anzudeuten,
wie dies auch von Weissenborn und Lange. R. A. II. S. 23 angenommen
wird. Die Voraussetzung des Letzteren, dass die Steuer von dem manu-
mittierenden Herrn gezahlt worden sei, unterliegt starkem Zweifel. Wahrscheinlicher ist mir, dass sie der Sklave von seinem peculium (vgl. Marquardt
V, 1, 170 f.) bestritt. Schwerlich würde der Senat im anderen Falle dem
unter so ungewöhnlichen Umständen zu Stande gekommenen Plebiscit seine
Zustimmung gegeben haben. — Die Zahl der Freigelassenen lässt sich aus
unseren Angaben nicht berechnen, da der Preis der Sklaven sehr starken
Schwankungen unterworfen war. Vgl. Liv. XXXIV, 50, 6. Plut. Cat. M. 4.
Dureau de la Malle, Economie polit. des Romains I, 290 ff. kommt auf die
Durchschnittszahl von jährlich 1380, welche mir zu hoch gegriffen scheint.
[4]) Vgl. Nitzsch, Die Gracchen und ihre nächsten Vorgänger S. 24 ff.

in Mittelitalien überall sesshaft; aber die Sklavenwirthschaft wuchs neben ihnen auf und bald über sie hinaus. Wozu hätte man auch an den Plantagen der Karthager in Sicilien und Afrika gesehen, wie das Kapital die gekaufte Menschenwaare bis auf den letzten Blutstropfen ausnutzen kann? Vielleicht nirgends sind die Römer gelehrigere Schüler fremder Nationen gewesen, als in dem Geld- und Sklavenwesen. Von den Etruskern übernahmen sie gerade damals die grausamen Gladiatorenkämpfe: i. J. 261 sah die Stadt drei Paare fechten, 216 schon zweiundzwanzig, 200 bereits fünfundzwanzig Paare, vorerst nur bei Leichenfeiern, wie dies bis gegen Ende der Republik Regel blieb[1]). Die Kriege lieferten bald nicht mehr den ganzen Bedarf; man kaufte die Arbeitskraft, wo man sie fand. Den Galliern im Pothale handelten die Sklavenhalter ihre Kriegsgefangenen in Masse ab, so dass 229 der Senat sich genöthigt sah, die Ausfuhr von Gold und Silber nach jenen Gebieten zu verbieten, damit man bei dem drohenden Kriege nicht selbst dem Feinde die Mittel in die Hände liefere[2]). Nach der Schlacht bei Cannae, als der Staat den letzten Vorrath von Menschen und Hülfsmitteln aufbot, konnten 8000, nach einer anderen Nachricht sogar über 24000 Sklaven ihren Herren abgekauft und unter die Waffen gesteckt werden. Zur Bemannung der Flotte wurden sie in noch grösserer Ausdehnung herangezogen, so dass nach der niedrigsten Berechnung damals mehr als 50000 im Kriegsdienste verwandt wurden[3]). Damit stimmt denn, wenn wir hören, dass 217 zu Rom fünfundzwanzig Sklaven, weil sie sich auf dem Marsfelde verschworen hätten, an das Kreuz geschlagen wurden[4]).

---

[1]) Friedländer, Darst. aus d. Sittengesch. Roms II, 216. Pauly, R.-E. III, S. 860.

[2]) Zonar. VIII, 19.

[3]) Ueber die volones Liv. XXII, 57. 59. XXIV, 11. 14. 16. u. ö. App. Hann. 27. Valer. Max. VI, 7, 1; über die Flotte Liv. XXIV, 11. XXVI, 34 m. d. Anm. v. Weissenborn.

[4]) Liv. XXII, 33. Zonar. IX, 1. Vielleicht standen die Umtriebe des karthagischen Agenten, welcher zu gleicher Zeit mit abgeschnittenen Händen aus der Stadt gewiesen wurde, mit dieser Bewegung in Verbindung.

Lässt sich bis zu diesem Zeitraume nur aus vereinzelten Spuren auf den wachsenden Umfang und die Bedeutung der Sklavenarbeit schliessen[1]), so schreitet dieselbe nach dem zweiten punischen Kriege mit Riesenschritten zur Alleinherschaft. Der Bauernstand hatte in den jahrelangen Kämpfen schwer gelitten; das Land war verwüstet; es fehlte an Geld und Arbeitskraft, die Wirthschaft neu aufzurichten. Viele Hufen standen um Spottpreise zu verkaufen. Das Kapital konnte nicht entfernt in dem Grade gelitten haben; es suchte die günstigen Umstände so viel als möglich zu benutzen. Was half es, dass der Staat seinen Gläubigern die Rückzahlung ihrer Vorschüsse verweigerte? Grosse Strecken des bestgelegenen Gemeindelandes mussten ihnen an Zahlungs Statt abgetreten werden. Die Massregel sollte vielleicht den kleinen Grundbesitz schützen; aber sie bildete nur neue Latifundien, und was nützte es dem mittellosen Bauern, dass er gezwungen wurde, seine verkommene Wirthschaft noch ein paar Jahre durchzuschleppen, um sie dann um so billiger loszuschlagen[2])? Auch sonst bot sich eben jetzt der Kapitalanlage ein weites, ergiebiges Feld. Das Land der Lukaner und Brettier wurde zur Domäne geschlagen und eröffnete seine reichen Wälder, seine einsamen Bergtriften und verödeten Küstenstriche einer unbeschränkten

---

[1]) Die bekannte Erzählung bei Valer. Max. IV, 4, 6. Dio Cass. fr. 43, 20 Bk. de vir. ill. 40, wo M. Atilius Regulus, weil ihm sein villicus gestorben, der Tagelöhner aber mit den Ackergeräthen davon gegangen sei, die coss. um Entbindung von seinem Amte bittet, stimmt schlecht mit den ungleich besser beglaubigten Nachrichten bei Diod. XXIV, 19, welche Wohlstand und Sklavenbesitz in der Familie voraussetzen. Sie ist den Erfindungen über den grausamen Tod des R. an die Seite zu stellen und, wie diese (Mommsen, R. G. I, 630 Anm.), unter die Zahl der zu rhetorischen Zwecken erfundenen Schulanekdoten zu verweisen. Nitzsch a. a. O. S. 22 A. 30 u. S. 31 hält die eine Hälfte des Kap. aus Valer. für wahr, die andere für falsch.

[2]) Dass den Staatsgläubigern die Zuweisung des ager publicus gerade erwünscht, also vortheilhafter war, als das Zusammenkaufen kleiner Bauernstellen, zeigt Liv. XXXI, 13: laeti eam condicionem accepere. Die Deduktion von Nitzsch a. a. O S. 80 ff. beachtet nicht, dass die seitherigen possessores jedenfalls ausgetrieben werden mussten.

Spekulation. Ganz Sicilien war zur Provinz geworden, ein lockendes Gebiet für den Zehntpächter und den Bankier; die grossen Bergwerke in Spanien wurden verpachtet, zum Theil sogar ganz veräussert und liessen die weiteste Ausdehnung des Betriebes zu. Das ganze westliche Mittelmeer stand dem römischen Grosshandel offen; der Osten wurde mehr und mehr in den Kreis der Unternehmungen hereingezogen. Das war der Boden, auf welchem sich die früher geschilderte Geldmacht und Geldwirthschaft hastig und rücksichtslos zur unbeschränkten Herschaft erhob. Und überall ruhte die Ausbeute dieser günstigen realen Unterlagen auf einem ebenso massenhaften, als unbarmherzigen Sklavenbetrieb.

Hier und da scheint man sich in dem tollen Jagen nach Gewinn überstürzt zu haben. So konnten die Anlagen der erwähnten Staatsgläubiger auf dem glücklich erlisteten Gemeindelande in Latium und dem südlichen Etrurien nicht ohne Gewaltsamkeit und wohl auch Unvorsichtigkeit vor sich gegangen sein. Die neugekauften fremden Sklavenheerden waren nicht sogleich eingewöhnt. Schon vier Jahre nach der Schlacht bei Zama (198) stand man vor einem gefährlichen Aufstande im Herzen Latiums. Zum Schauplatze desselben war das feste Setia ausersehen. Hier und in den umliegenden Städten waren die vornehmen karthagischen Geisseln interniert, welche die Sicherung des vor kurzem geschlossenen Friedens verbürgen sollten. Die zahlreiche unfreie Dienerschaft derselben knüpfte Verbindungen an mit den Sklaven der Stadt, unter denen sich nicht wenige befanden, welche die Setiner aus der letzten Kriegsbeute erstanden hatten. In der ganzen Umgegend bis nach Praneste und Circeji wurde die Sklavenschaft mit in den Plan gezogen. An einem der nächsten Tage sollten öffentliche Spiele in Setia stattfinden. Bei dieser Gelegenheit wollten sie sich der Stadt bemächtigen und von da den Aufruhr zunächst nach Norba und dann in die übrigen Städte hinübertragen. Der Anschlag wurde dem städtischen Prätor L. Cornelius Lentulus durch zwei Verschworene verrathen. Rasches Eingreifen war dringend ge-

boten. Eine sofort berufene Senatsversammlung beauftragte
in Abwesenheit der Consuln den Prätor, unverzüglich zur
Untersuchung und Unterdrückung der Umtriebe abzureisen.
Mit einer zum Theil von den Feldern weg zu den Waffen
verpflichteten Schaar von 2000 Mann langte dieser in Setia
an. Die Rädelsführer wurden ergriffen. Unter den Sklaven
entstand allgemeine kopflose Verwirrung; viele flohen aus
der Stadt. Lentulus liess die ganze Umgegend durch Streif-
schaaren absuchen; der Verrath arbeitete der öffentlichen
Gewalt in die Hände; 2000 Schuldige wurden getödtet. Aber
die Bewegung war damit noch keineswegs unterdrückt. Der
Prätor war nicht lange nach Rom zurückgekehrt, als die
Nachricht einlief die Sklavenschaft wolle sich der Stadt Prä-
neste bemächtigen. Von neuem musste eingeschritten werden:
500 Menschen wurden hingerichtet. Die ganze Bürgerschaft
war in Aufregung; allgemein mass man geheimen Umtrieben
der punischen Geisseln und Gefangenen die Schuld bei. Der
Senat erliess die strengsten Vorschriften für die Bewachung
derselben [1]).

Zwei Jahre später (196) empörten sich die Feldarbeiter
in Etrurien in solcher Menge, dass fast die ganze Landschaft
in Aufruhr gerieth. Der Prätor M.'Acilius Glabrio musste
mit einer vollständigen Legion abgesandt werden. Er traf,
wie es scheint, den Aufstand noch nicht völlig organisirt;
trotzdem gelang es ihm nicht ohne heftigen Kampf die einzelnen Haufen zu zersprengen. „Gross war die Zahl der Gefallenen, nicht minder gross die der Gefangenen.“ Die Leiter
des Aufruhrs wurden gemartert und ans Kreuz geschlagen,
die übrigen ihren Herren zurückgegeben [2]), wahrscheinlich
damit sie von diesen nach Gutdünken bestraft würden. Man
darf in dem letzteren Verfahren nicht etwa Milde oder billige
Rücksicht auf ausserordentliche Umstände erblicken — eine
solche haben die Römer nie und nirgends gekannt —, sondern

---

[1]) Liv. XXXII, 26 u. d. perioch. vgl. XXXII, 2. Zonar. IX, 16.
[2]) Liv. XXXIII, 36.

die Schwäche der Staatsgewalt gegenüber den Geldinteressen. Tausende standen damals gegen Gesellschaft und öffentliche Ordnung unter den Waffen, das verräth selbst der dürftige Bericht des Livius, und doch stand man erst in den Anfängen einer Wirthschaft, welche noch sechzig Jahre ungestört auf dem glücklichen Boden Italiens schalten und walten sollte. Es ist kein Zweifel, die Aufstände in Etrurien und Latium waren eine Folge des Plantagenbetriebes, der, auf den grossen Domänengütern begonnen, bald jenen verheerenden Vernichtungskrieg gegen die Kleinwirthschaft führte, dessen Resultate in den Bewegungen der Gracchenzeit klar genug vorliegen.

Aber die damalige Boden- und Sklavenwirthschaft hat noch eine andere nicht weniger unerfreuliche Seite, nämlich die übermässige Ausdehnung der Viehzucht. Die römischen Schriftsteller über den Landbau scheiden scharf zwischen der Viehzucht in Verbindung mit dem Ackerbau und dem grossen selbständigen Heerdenbetrieb, bei welchem durch den Wechsel zwischen der Sommerweide im Gebirge und der Winterweide in den Küstenebenen oder auf Stoppelfeldern die kostspielige Stallfütterung vermieden werden kann. Diese bis auf den heutigen Tag erhaltene Weidewirthschaft war für die Römer erst möglich geworden, seitdem sie durch die Samniterkriege die ausgedehnten Gebirgstriften der Abruzzen und die weite apulische Ebene gewonnen hatten [1]). Jetzt waren die Brettier, Lukaner und Picentiner für ihren Anschluss an Hannibal mit furchtbarer Härte gestraft worden; die ganze, offenbar durch den Krieg stark gelichtete Bevölkerung wurde zu Staatssklaven erklärt und in der Folge als Boten und Büttel von den Magistraten mit in die Provinzen genommen [2]). Die wenigen hier angelegten Kolonieen verkümmerten; dagegen boten die waldreichen Bergabhänge und die gutbewässerten Thäler ein vorzügliches Weidegebiet von der grössten Ausdehnung. Dass das Kapital nicht säumte, sich dieser günstigen Naturbe-

---

[1]) Nitzsch a. a. O. S 16 f.
[2]) Strabo. VI. p. 251. 253 f. Appian. Hann. 61. Gell. N. A. X, 3, 17 ff.

dingungen möglichst bald zu versichern[1]), lässt sich leicht denken. Konnte es doch in doppelter Hinsicht sich an der Ausbeute betheiligen, durch Pachtung des Hutgeldes, welches der Staat nach der Stückzahl der Heerden erhob und durch die Heerdenwirthschaft selbst. Die letztere aber fieng jetzt an, immer beliebter zu werden, sowohl weil sie an und für sich der reinen Kapitalnutzung am nächsten stand, als auch weil ihr Ertrag den des Getreidebaues um so mehr überstieg, je niedriger durch die Zwangseinfuhr des Provinzialgetreides im Interesse des Proletariats die Kornpreise in Italien gehalten wurden. So kam es, dass bald in Apulien, Calabrien, Lukanien und dem Lande der Brettier der Ackerbau immer mehr auf wenige begünstigte Striche eingeengt wurde. Wo früher viele fleissige Bauernfamilien in froher Genügsamkeit gediehen waren, trieben jetzt in weiter Einsamkeit unfreie Hirten die nach Tausenden zählenden Heerden römischer Ritter und Senatoren. Seit Alters sind in diesen Gebieten Räuber und Hirten die nächsten Verwandten. Es dauerte nicht lange, so hörte man von grossen Verbindungen unter den Hirtensklaven, welche durch Raub und Mord die Landstrassen und die Domänenweiden unsicher machten. Zehn Jahre lang (192-182) wurde alljährlich ein Prätor mit militärischer Macht nach Tarent geschickt, hauptsächlich, wie es scheint, um dieses Gebiet zu überwachen. Trotzdem musste 185 L. Postumius mit aller Strenge gegen eine grossartige Sklavenverschwörung einschreiten[2]). An 7000 Menschen wurden gerichtlich verurtheilt und viele hingerichtet. Andere entflohen und mochten an einem entfernteren Orte das Räuberhandwerk fortsetzen,

---

[1]) Vielleicht deuten darauf die Verurtheilungen vieler pecuarii in den Jahren 196 und 193 Liv. XXXIII, 42, 10. XXXV, 10, 12.

[2]) Liv. XXXIX, 29, 41. Wenn an erster Stelle von einem magnus motus servilis in Apulia gesprochen wird, so ist dies auf den ganzen Verwaltungsbezirk des Prätors zu beziehen, der bald Apulia, bald Brutti, bald Apulia et Brutti heisst. Vgl. Weissenborn zu Liv. XXXV, 20, 10. Die Zusammenziehung der Streitkräfte in Tarent war Anfangs durch die drohende Landung des Antiochos veranlasst: Appian. Syr. 15.

welches in der folgenden Zeit eine stete Plage der genannten Distrikte bleibt. Man hat diese Verschwörung mit den Bacchanalienprocessen in Verbindung gebracht, welche damals ganz Italien in Schrecken und Aufregung erhielten; wahrscheinlicher ist, dass manche der geknechteten Brettier und Lukaner sich den Aufständischen angeschlossen hatten. Die grosse Zahl der Theilnehmer scheint darauf hinzudeuten, dass die Verschwörung nicht ohne ein bestimmtes Ziel gewesen war. Hatten doch auch die Brettier ehemals als Sklaven die Heerden der Lukaner geweidet, dann aber in kriegerischen Räuberhaufen sich zusammengefunden und mit allerlei anderem Volke gemischt 357 v. Chr. ein eigenes Gemeinwesen gegründet, das durch seine Kraft und Kriegslust bald den reichen Griechenstädten furchtbar geworden war [1]).

Die grossen Sklavenempörungen im ersten Viertel des zweiten Jahrhunderts waren ein deutlicher Mahnruf an die Geldmacht, nachzudenken und wenn irgend möglich diesem verderblichen Wirthschaftssysteme Schranken zu setzen, das noch nicht soweit vorgeschritten sein konnte, dass man an einer Heilung der Schäden hätte verzweifeln müssen. Aber der Ruf verhallte; der Egoismus der herschenden Klasse war stärker als die Sorge für das Gemeinwohl.

---

[1]) Diod. XVI, 15. Strab. V. p. 255. Justin. XXIII, 1.

III. Prophet und König.

Sociale Anfangsbewegungen tragen nicht selten ein typisches Gepräge, welches bei allen folgenden Ausbrüchen des Uebels sich bis auf die Einzelheiten wiederfindet, jedenfalls weil die elementaren Gegensätze, welche hier einander gegenübertreten, sich am wenigsten unter örtlichen oder zeitlichen Besonderheiten verändern. Im vorhergehenden Abschnitte ist desshalb über die früheren Arbeiteraufstände in ihrem Zusammenhange mit der Geldwirthschaft etwas ausführlicher gehandelt worden, zugleich auch weil sie die bekannte Lehre bestätigen, dass die furchtbaren Massenbewegungen nicht urplötzlich wie Riesen aus der Erde sich erheben. Ein Tropfen rinnt nach dem andern, ein Stein bröckelt los und wieder einer; wer kann sagen, wann der ganze Felsen in die Tiefe stürzt, wer die Verwüstungen ermessen, welche er anrichten wird? Das eben ist das Verhängnissvolle solcher einseitigen wirthschaftlichen Entwickelungen, dass diejenigen, welche mitten inne stehen, sei es aus Gedankenlosigkeit, sei es in Folge der Trägkeit und Hartnäckigkeit, mit welcher der Durchschnittsmensch an altgewohnten Einrichtungen festhält, die ganze Gefahr der Lage entweder gar nicht oder erst dann bemerkt, wenn mit den gewöhnlichen Mitteln der Verwaltung und Gesetzgebung nicht mehr auszukommen ist und die harten Fäuste der Massen an die Schranken befestigter Sonderinteressen und überkommener Anschauungen pochen.

Eine solche Zeit war unmittelbar nach der Mitte des zweiten Jahrhunderts eingetreten, als die Zerstörung von Karthago und Korinth die bereits thatsächlich vorhandene Weltherschaft des römischen Schwertes und die beginnende des

3

römischen Geldes [1]) allen Völkern des Mittelmeergebietes mit furchtbar deutlicher Schrift kund gethan hatte. Die Entwickelung der wirthschaftlichen Verhältnisse Italiens im zweiten Jahrhundert ist oben angedeutet worden. Ihre Resultate sind die Veranlassung der gracchischen Reformpläne. In Griechenland und den hellenistischen Staaten des Ostens war, wie später zu erörtern sein wird, die ökonomische Zerrüttung nicht weniger gross, die sittliche Haltlosigkeit noch bedeutend grösser, unbefriedigter Egoismus die Grundstimmung aller Klassen, mochten sie nun in tollem Genusse oder in hoffnungslosem Elende sich verzehren. Es soll nicht ausgeführt werden, wie der immer reger werdende Verkehr der Römer mit den östlichen Völkern das Wachsthum der Geldwirthschaft und ihrer Schäden, das Aus- und Angleichen der geistigen und materiellen Verhältnisse beschleunigen musste. Nur das eine scheint bemerkenswerth: mit dem Luxus des Orients wanderte auch der religiöse Aberglauben, dem sich bankerotte Völker so gern in die Arme werfen, über das Mittelmeer. Die klaren Gestalten der griechischen und italischen Götterwelt wichen den mystisch-sinnlichen Ausgeburten orientalischer Phantasie; Bettelpriester, Wahrsager und Marktschreier wurden die Lehrer des Volkes [2]). Die rasche Verbreitung der Religionen, welche dem Bedürfniss und Verständniss der von jeher zum Sklavenelende herabgedrückten asiatischen Völker entsprungen und angepasst waren, ist ein deutlicher Gradmesser des damaligen Massenelends.

Es ist im höchsten Grade bezeichnend für den ursächlichen Zusammenhang des Proletariats und des Sklaventhums, dass unmittelbar bevor in Rom die politisch freie, aber unselbständige Menge ihre Ansprüche geltend macht, im ganzen Mittelmeergebiet die geknechtete Arbeit ihrer tausendarmigen Kraft inne wird und selbständig an verschiedenen Orten zugleich einen Sturm gegen die bestehende Gesellschaftsord-

---

[1]) Die Behandlung von Korinth „das Werk der römischen Kaufmannspartei" Mommsen, R. G. S. 51 vgl. 31.

[2]) Vgl. Finlay, Griechenland unter den Römern. S. 12 d. Lpz. Uebers. Mommsen, R. G. I, 879 f.

nung unternimmt. Für die Betrachtung dieser Aufstände wäre
es nun von der höchsten Wichtigkeit, das Verhältniss der
freien zur unfreien Bevölkerung in der damaligen Zeit zu
kennen. Sichere Angaben der Alten über diesen Punkt besitzen wir nicht und die ungefähren Schätzungen der Neueren
leiden an dem grossen Fehler, dass sie sich nicht von der
modernen Anschauung losmachen können [1]). Wir dürfen aber
unbedenklich annehmen, dass überall, wo die Geldmacht
wirthschaftete, die Freien sich in der Minderzahl befanden.
In Rom, so erzählt Seneca [2]), wurde einst im Senate über
den Antrag verhandelt, dass man die Sklaven durch die
Kleidung von den Freien unterscheiden sollte; „dabei trat zu
Tage, welche Gefahr bevorstände, wenn unsere Sklaven uns
zählen könnten." Denkt man daneben an die Masse der freien
Proletarier, so begreift man das Grauen Ciceros [3]), als er sich der
Aeusserung des Volkstribunen L. Marcius Philippus (um 103 v.
Chr.) erinnerte, dass nicht 2000 Menschen unter der Bürgerschaft
seien, welche Vermögen besässen. Ganz so schlimm kann es vierzig Jahre früher nicht gewesen sein; jedenfalls aber bildete die
herschende Klasse auch schon damals eine zum Erschrecken
schmale Grundmauer des gewaltig sich aufthürmenden Reichs-
baues. Die wenigen Besitzenden waren dafür um so reicher;
die Anstalten zur Vermehrung des Reichthums und zur Ausbeutung der Menschenkraft um so grossartiger. Die nöthigen
Arbeiter wurden hauptsächlich aus zwei Quellen bezogen,
den fortwährenden Kriegen und dem Sklavenhandel. Die Römer hielten immer an der Strenge des alten Kriegsrechtes fest,
nach welchem der besiegte Feind mit Gut und Leben dem
Sieger verfallen war. Eine Liste der so mit der nationalen
Selbständigkeit auch ihrer persönlichen Freiheit beraubten
Menschenmassen müsste in vieler Hinsicht lehrreich sein; sie

---

[1]) Nirgends sind die Berechnungen antiker Bevölkerungsverhältnisse,
wie sie von Bœckh, Clinton, Bunsen, Zumpt, Marquardt, Wietersheim u. A.
gemacht sind, unzuverlässiger, als in der Sklavenfrage. Vgl. noch neuer-
dings Friedländer in Hildebrands Jhb. f. Nationalökon. u. Statist. XX. 350 ff.
[2]) de clem. I, 24. [3]) de off. II, 21, 73.

würde mit hunderttausenden zu rechnen haben. Schon 209, nach
der Eroberung Tarents, wurden 30000 Gefangene verkauft,
207 nach der Schlacht am Metaurus 5400, i. J. 200 mindestens 15000 [1]). Ti. Sempronius Gracchus warf bei seiner
Rückkehr aus dem sardinischen Kriege (177), in welchem über
80000 Menschen getödtet oder gefangen wurden, solche Massen
auf den Sklavenmarkt, dass der Preis bedeutend fiel und seitdem das Sprüchwort in Schwang kam: „Spottbillig wie ein
Sarder" [2]). Nach der Besiegung des Perseus wurden in Epirus
70 Städte zerstört und 150000 Menschen verkauft [3]). Die le-
bendige Beute begann ein Hauptfaktor zu werden bei jedem
neuen Kriege, und die jahrelangen Kämpfe gegen ungefähr-
liche ligurische, illyrische und spanische Stämme sind lediglich Sklavenhetzen. Dem Heere folgte der Sklavenspekulant;
der Feldherr war vielleicht, mehr oder weniger offen, selbst
ein solcher, und fehlte es an Feinden, so griff man Freunde
an unter Missachtung von Eiden und Staatsverträgen [4]). Zu
solchen Mitteln griff eine Wirthschaft, um das Arbeiterbe-
dürfniss zu befriedigen, welche den Freien, den sie des Besitzes beraubt hatte, zur Unthätigkeit zwang und ihn dafür
mit Kornspenden erhalten musste. Und daneben blühte der
Sklavenhandel wie nie. Sklavenschiffe durchkreuzten überall das Mittelmeer; die Hauptzufuhr wurde aus den Ländern
Vorderasiens durch Kreter und Kilikier geliefert, welche daneben bald das verwandte Gewerbe des Seeraubs betrieben.
Keine bedeutende Stadt, kein nennenswerthes Heiligthum ent-
behrte des Sklavenmarktes; der Hauptstapelplatz für die Seeräuber war aber das von den Römern gegen Rhodos begünstigte Delos. 10000 Sklaven wurden hier oft an einem
Tage umgesetzt und von der Raschheit des Geschäftes gieng
das Sprüchwort: „Kaufmann, lande an, lad aus, Alles ist ver-

---

[1]) Liv. XXVII, 16. XXVIII, 9. XXXI, 21.
[2]) Aur. Vict. 57, 2. Cic. fam. 7, 24, 2. Fest. p. 322. Liv. XXXXI, 28, 8.
[3]) Liv. XXXXV, 34, 5. Plut. Aem. Paul. 29.
[4]) Statt vieler siehe d. beiden Beispiele aus d. JJ. 173 u. 171. Liv.
XXXII, 1. 7.

kauft." Die Hauptabnehmer waren hier schon vor der Zerstörung Korinths die Römer [1]). Und doch genügte dies Alles
noch nicht; in Italien und Sicilien und überall, wohin römische
Habsucht gedrungen war, wurden nicht selten freie Leute
aufgegriffen, um in dem Dunkel der Arbeitshäuser für immer
zu verschwinden. Wahrscheinlich schon in das Jahr 183
fällt das Fabische Gesetz, welches, freilich nur bei Geldstrafe,
untersagte, Freie zu Sklaven zu machen, Sklaven zum Entlaufen zu überreden, entlaufene aufzunehmen oder durch
Kauf zu erwerben [2]). Die Gefahren dieses Systems liegen auf
der Hand. Kurz nachdem der letzte makedonische, achäische
und dritte punische Krieg die Sklavenmassen Italiens um eine
starke Anzahl unruhiger Elemente vermehrt hatte, loderte,
wie nach dem Hannibalischen Kriege, überall die Flamme des
Aufruhrs hell empor. Die Bewegung begann nicht in Italien,
sondern auf der gesegneten Nachbarinsel Sicilien.

Der vorwiegende Gesichtspunkt der römischen Provinzialverwaltung war der finanzielle, und dieser hatte sich schon
bei ihrer ersten Provinz in seiner vollen Rücksichtslosigkeit
geltend gemacht [3]). Auf Sicilien hatte sich in Folge seiner
Lage im Centrum der internationalen Verkehrswege des
Alterthums eine wahre Musterkarte von Völkern des Mittelmeeres gebildet. Tyrische und karthagische Phöniker, Elymer,
einheimische und gräcisierte Sikuler, reine Hellenen hatten
sich in bunter Mischung in- und übereinander geschoben.
Keiner der eingewanderten Nationalitäten war es gelungen,
der Bevölkerung mit einer unbestrittenen Herschaft ein einheit-
liches Gepräge aufzudrücken, wenn auch griechische Sprache

---

[1]) Strabo XIV p. 668 f. vgl. X p. 468. Die Nachsicht der Aegypter,
Rhodier und später der Römer gegen die Seeräuber erklärt sich nur da-
raus, dass sie ein dringendes Bedürfniss der Kapitalmacht befriedigten.
Ueber die Piraten vgl. noch Drumann, R G. IV, 392 ff.

[2]) Rein in Paulys R.-E. V. S. 1662. Lange, R. A. II, 564.

[3]) Die ergiebigste Quelle für die Zustände Siciliens unter der Römer-
herschaft, sind Ciceros Verrinen, deren Angaben sich freilich nicht ohne
Weiteres auf die Mitte des 2. Jh. übertragen lassen. Für diese kurze Ueber-

und griechische Form eine gewisse Gleichmässigkeit hervorgebracht hatten. Von jeher überwog das materielle Interesse, und eine wie reiche Cultur sich auch hier entfaltete, niemals haben die einzelnen Seiten derselben diesen Grundzug des sicilischen Lebens verleugnen können. So ist es erklärlich, dass, als 210 die Römer ihre Herschaft über die ganze Insel ausgedehnt und die durch schwere Kriegsjahre grauenhaft zerrütteten Besitz- und Erwerbsverhältnisse geordnet hatten[1]), die Bewohner, jetzt zum ersten Male unter einer Herschaft vereinigt, sich bald mit den neuen Zuständen aussöhnten. Rasch blühte der Ackerbau wieder auf; mehrmals wurden grosse Heere von hier aus verproviantiert[2]), Sicilien wurde nach Catos Ausdruck die Kornkammer Roms.

Man ist geneigt mit diesem Ausdrucke die Vorstellung glücklicher Verhältnisse zu verbinden. Mit Unrecht. Die römische Geldoligarchie begegnete sich in der Ausbeutung des überaus günstigen Bodens mit der längst vorhandenen einheimischen, nur dass es jener viel leichter gemacht war, ins Grosse zu wirken. Die Provinz war in gegen 70 Stadtbezirke eingetheilt worden mit grösserer oder geringerer Selbstverwaltung und im Zusammenhange damit abgestuften Steuerlasten. Die Verbindung dieser Verwaltungsgebiete zu grösseren politischen Gemeinschaften war für gewöhnlich untersagt, und, was viel schlimmer war, es war ihnen das Recht genommen, ausserhalb des eigenen Bezirkes Grundbesitz zu erwerben. Es ergibt sich von selbst, dass diese Beschränkung die Veräusserlichkeit von Grund und Boden ungemein erschweren musste und dass die römischen Spekulanten, welche natürlich sich überall ankaufen konnten, um Schleuderpreise die ausgedehntesten Gütercomplexe erwarben. Die Verhältnisse zu Ciceros Zeit, welche genauer be-

sicht genügt es, auf Kuhn, Beiträge zur Verf. des röm. Reiches S. 71 ff. 117 ff., Becker-Marquardt III, 1, 73 ff. Siefert, Die Sklavenkriege. Progr. d. Gymn. zu Altona 1860, S. 3 ff. zu verweisen.
[1]) Liv. XXVI, 40. XXVII, 5. 8.
[2]) Liv. XXIX, 36. XXX, 38. XXXII, 27. XXXVI, 2. XXXVII, 2. 50.

kannt sind, zeigen die Wirkungen dieser Einrichtung. Die Zahl der Grundbesitzer war damals furchtbar zusammengeschmolzen: sie betrug in Leontini 88, in Mutice 188, in Herbita 257, in Agyrium 230. Das zum Anbau benutzte Land der Feldmark von Leontini, mit der fruchtbarste Theil der Insel, belief sich auf 30000 Morgen und von diesen besass, mit Ausnahme der Familie des Mnasistratos, kein eingeborener Leontiner auch nur eine Scholle. Das Gebiet war Domäne des römischen Volkes und, wenn wir hören, dass M. Antonius hier dem Rhetor Sex. Clodius ein Landgut von 2000 Morgen schenkte und dass Verres als jährlichen Ertrag eines einzigen Gutes 42000 römische Scheffel Waizen mit Beschlag belegte, was auf eine Fläche von gegen 1000 Morgen schliessen lässt, so können wir uns im Allgemeinen eine Vorstellung von der Ausdehnung der dortigen Wirthschaften bilden. Zu Ciceros Zeit hatten nur die Centuripiner die Erlaubniss Aecker in einem fremden Verwaltungsbezirke zu erwerben; ihre Besitzungen vertheilten sich desshalb über die ganze Insel und ihre Stadt war die reichste und angeschenste. Ob siebenzig Jahre früher auch andere Städte sich dieser Vergünstigung erfreuten, ist nicht zu entscheiden. Unwahrscheinlich ist es nicht, da diese Verhältnisse je nach dem Wohlverhalten der Provinzialen vielfach wechselten. Die meisten Grossgrundbesitzer waren nach unserer besten Quelle [1]) damals römische Ritter; mit ihnen wetteiferten in Habsucht und Rücksichtslosigkeit die einheimischen Sikuler. Den kleinen Bauer und Pächter drückte nicht bloss die Concurrenz der mit mächtigen Geldmitteln arbeitenden Grosswirthschaft, sondern auch die

---

[1]) Diod. XXXIV fr. 2, 8 (Dind.): Οἱ πλεῖστοι τῶν κτητόρων ἱππεῖς ὄντες τῶν Ῥωμαίων. Flor. III, 19: terra fugum ferax et quodammodo suburbana provincia latifundiis civium Romanorum tenebatur. C. I. L. n. 551 und daselbst Mommsen. Römische aratores bei Cic. Verr. II, 3, 6. 64, 155. III, 5, 11. 11, 28. 12, 80. Die bei Diodor und sonst angeführten Namen sind sämmtlich griechische: Antigenes, Python, Damophilos, Megallis; ebenso die der Sklaven, auch wenn sie nichtgriechischer Nationalität sind: Eunus, Hermeias, Zeuxis, Achaios, Kleon.

Härte des Fruchtzehnten, welchen er nach einer altsicilischen Einrichtung an die Römer zu entrichten hatte und der von diesen alljährlich nach Stadtbezirken an Unternehmer verpachtet wurde [1]). Mit welcher Gewaltthätigkeit diese Leute zu Werke gingen und wie sie den armen Ackersmann in kurzer Zeit zu Grunde richten konnten, schildert Cicero in der dritten Rede gegen Verres in den lebhaftesten Farben. Was die Produktionsverhältnisse betrifft, so musste die im Interesse der verarmten hauptstädtischen Menge getroffene Anordnung, dass das Getreide Siciliens nur nach Rom ausgeführt werden durfte, wie in Italien, so auch hier den Ackerbau lähmen [2]). Die Beschränkung des Marktes hielt die Kornpreise stets niedrig; der Boden und die Arbeiter mussten sehr billig sein, wenn eine erträgliche Grundrente erzielt werden sollte. Die Verhältnisse Siciliens zur Zeit des dritten punischen Krieges waren somit den italischen in vielen Stücken analog, nur dass hier die unheilvolle Entwickelung noch um einige Schritte weiter gelangt war. Der Getreidebau zog sich immer mehr auf die zu einer intensiven Bewirthschaftung besonders geeigneten Küstengebiete, namentlich im Osten der Insel zurück; die nutzbringende Weidewirthschaft fand dagegen die günstigsten Naturbedingungen [3]). Die meist mit niederem Gestrüpp bestandenen von engen Thalfurchen durchschnittenen Gebirgszüge, welche als Fortsetzung des calabrischen Kalkapennin längs der Nordküste streichen, und nach Süden leise zu den Plateaulandschaften des Inneren abfallen, boten die Sommer-, die südlichen Küstenstriche die Winterweiden. Viele altberühmte Städte waren in Folge der entsetzlichen Kriegsstürme öde und verlassen; auf den Stätten phönikischer und hellenischer Kultur weideten die grossen Pferde-, Rinder- und Schafheerden reicher Römer [4]). Die waldlosen Bergflächen des Binnenlandes erscheinen ebenso als Weideland. Etwas

---

[1]) Vgl. Nitzsch a. a. O. S. 37 ff. Becker-Marquardt III, 2, 151 ff.
[2]) Vgl. Lange, R A. III. S. 6, dazu Strabo VI p. 273.
[3]) Nitzsch a. a. O. S. 285 ff.
[4]) Strabo VI p. 272. Vgl. Cic. Verr. II, 70, 169. III, 71, 167.

Kleinbetrieb mochte sich noch in der Umgegend der wenigen
bedeutenderen Orte erhalten haben, wo ihn aber auch die
Landhäuser und Luxusanlagen des Reichen immer mehr ein-
engten. Die Uebermacht des Kapitals hatte die kleinen
Bauern von Haus und Hof gebracht und in die Städte zusammengedrängt, wo sie, ein jammervolles besitz- und er-
werbloses Proletariat ohne Heimat und politisches Recht,
täglich den blendenden Glanz und den trägen Genuss des
Reichthums vor Augen hatten [1]).

Auf einem solchen Hintergrunde musste sich das Elend
der Sklavenwirthschaft in besonders grellen Farben abzeich-
nen [2]). Ganz Sicilien war von einer unglaublichen Menge
unfreier Arbeiter überschwemmt. Barbarische Syrer, ein
Menschenschlag von unverwüstlicher Geduld und Zähigkeit
bildeten die grosse Mehrzahl. Daneben mochten die eben
beendeten Kämpfe in Afrika und Griechenland, wie die noch
dauernden in Spanien, manchen Mann unter diese verkom-

---

[1]) Adels- und Pfaffenwirthschaft haben unter den Bourbonen hier
ähnliche Verhältnisse hervorgebracht. „Nie habe ich eine solche Armuth
gesehen, und nie habe ich sie mir so entsetzlich denken können. Die Insel
sieht im Innern furchtbar aus. Hier und da sind einige Stellen bebaut; aber
das Ganze ist eine Wüste, die ich in Amerika kaum so schrecklich gesehen
habe. Zu Mittage war im Wirthshause durchaus kein Stückchen Brot zu
haben. Die Bettler kamen in den jämmerlichsten Erscheinungen —; sie
bettelten nicht, sondern standen mit der ganzen Schau ihres Elends nur
mit Blicken flehend in stummer Erwartung an der Thüre. Erst küsste man
das Brot, das ich gab und dann meine Hand. Ich blickte fluchend rund um
mich her über den reichen Boden und hätte in diesem Augenblicke alle
sicilische Barone und Aebte mit den Ministern an ihrer Spitze ohne Barmherzigkeit vor die Kartätsche stellen können." Seume, Spaziergang nach Syrakus. Sämmtl. Werke (Leipzig, Hartknoch. 1826) II. S. 250. Vgl. Lebensnachrichten über B. G. Niebuhr II, 245. 375. 399.

[2]) Das Folgende nach dem zuverlässigen Berichte eines Mannes, der
etwa 25 Jahre nach den Ereignissen die Zustände an Ort und Stelle studiert
hat, des Posidonios von Apamea. Seine Darstellung liegt Diod XXXIV
frgm. 2. 8—11 (nach Dindorfs Bezeichnung; bei Wesseling, Argent. XI
p. 100—125) zu Grunde, wie in dem Excurs über die Quellen ausgeführt
werden wird.

menen Schaaren geführt haben, der die goldenen Tage der
Freiheit nicht vergessen konnte und mit stummem Grimme
Pläne, wie sie nur die Verzweiflung eingibt, in tiefer Brust
verschloss. Die Behandlung war die denkbar schlechteste.
Wo der Ackerbau noch das Feld behauptet hatte, lebten die
armen Knechte unter der Aufsicht eines selbst unfreien Ver-
walters heerdenweise beisammen. Ihre Wohnung bildete die
wohlverwahrte Arbeiterkaserne [1]), ein halbunterirdisches Ge-
bäude mit vielen schmalen Fenstern, welche so hoch vom
Boden angebracht sein mussten, dass sie nicht mit der Hand
erreicht werden konnten. Mit Fesseln belastet [2]), auf Stirn
und Gliedern gebrandmarkt zogen sie am frühsten Morgen
zu harter Arbeit aus; es war dafür gesorgt, dass sie bis
Sonnenuntergang im Athem erhalten wurden. „Der Sklave
muss entweder arbeiten oder schlafen", hatte der alte Kato
gesagt, der römische Musterwirthschafter dieser Zeit. Kein
Ruh- und Feiertag war den Unglücklichen vergönnt. Was
schadete es, wenn bei der ungesunden Wohnung, bei unge-
nügender Kleidung und Beköstigung ein Dutzend oder mehr
aus der Heerde zu Grunde giengen [3])? Die reichbefahrenen
Sklavenmärkte boten einen im Verhältniss zu den Kosten
einer regelmässigen Ernährung billigen Ersatz. Die Werkzeuge
des Landbaues zerfallen nach der Definition eines studierten
römischen Bauern [4]) in drei Arten: sprachfähige, halbsprach-
fähige und stumme, d. i. Sklaven, Ochsen und Wagen. Wie

---

[1]) Colum. de r. r. I, 6, 3. 8, 16. Diod. l. l. 2, 1. 27.

[2]) Dass alle Sklaven gebrandmarkt, nur die Feldarbeiter auch gefesselt
waren, sagt ausdrücklich Diod. l. l. 2, 1. 27. 32. 36. Flor. III, 19. Vgl. Marquardt
V, 1, 186. A. 1153. 191 A. 1183. Mommsen, R. G. I, 845.

[3]) Waren doch selbst die Stoiker nicht einig darüber, ob es bei einem
Schiffbruche vorzuziehen sei, ein theueres Pferd oder einen billigen Sklaven
zu verlieren. Cic. de off. III, 23, 89. — Grosse Sterblichkeit der Sklaven
bei einer Pest i. J. 174. Liv. XXXXI, 21, 6. — „Ob der Eigennutz der
Herren zu milder Behandlung der Sklaven führt, ist wesentlich dadurch be-
dingt, zu welchen Kosten man frische Sklaven erhalten kann." Roscher
Grundlagen d. Nationalök. I. §. 72.

[4]) Varro de r. r. I, 17, 1.

einen unbrauchbar gewordenen Pflug verkaufte man den
Menschen, wenn er alt oder krank geworden war [1]).

Beneidenswerth waren den armen Ackerknechten gegenüber diejenigen, welche in den Bergen und auf freier Haide
die Heerden weideten. Man erlas dazu junge, stark gebaute
und gewandte Leute, welche den Anstrengungen des ruhe-
losen Wanderns auf steilen Triftenpfaden gewachsen waren.
Sie sollten laufen, Lasten heben, mit den Waffen umgehen
können, damit sie das Vieh vor Räubern und wilden Thieren
zu schützen vermöchten. Nahrung wurde ihnen von den
Herren nicht besonders geliefert, wie das doch von Varro als
Regel für italische Verhältnisse angenommen wird. Freilich
litten sie desshalb keinen Mangel, wie die Feldarbeiter, ihre
geringen Bedürfnisse mochten Jagd und gelegentlicher Raub
befriedigen; die Heerde bot an Milch und Käse das Fehlende.
Es waren rauhe trotzige Gestalten, die sich hier in unge-
störter Freiheit bewegten, wo oft wenige Stunden entfernt
in den Städten alle Reizmittel einer überfeinerten Kultur die
erschlafften Nerven eines gesunkenen Geschlechtes nicht mehr
zu erregen vermochten. Jahraus, jahrein kamen sie unter
kein gastliches Dach; höchstens wurde gegen die gröbsten
Unbilden der Witterung eine Nothhütte aufgeschlagen. Aus
zottigen Thierfellen, die sie vom Kopfe bis zu den Füssen
bedeckten, schauten verwegene wettergebräunte Gesichter.
Kriegerische Bewaffnung, bestehend in dem derben Hirtenstabe,
der furchtbaren Keule oder Lanze, eine Schaar starker Hirten-
hunde vollendeten das Bild. Die Pferdehüter waren daneben
wohl, wie in Italien, beritten.

Bedurfte der römische Ackerbau bei seinem im Ganzen
wenig sorgfältigen Betriebe schon die vier- bis fünffache Zahl
der Arbeiter, die ein gleicher Flächenraum und dieselbe Arbeit
bei ungleich intensiverer Wirthschaft — von Maschinen ganz
abgesehen — heutzutage erfordert [2]), so lässt sich auch bei

---

[1]) Cato de r. r. 2, 7. Plut. Cat. M. 5.
[2]) Roscher a. a. O. II. §. 35. — Das Folgende nach Varro de r. r. II, 2. 10.

der Heerdenwirthschaft die Billigkeit und Schlechtigkeit der Sklavenarbeit an der Menge der aufgewandten Menschen erkennen. Für Italien rechnete man auf 80 — 100 Schafe einen Hirten, auf eine Rossheerde von 50 Stück zwei berittene Männer. 800 — 1000 Schafe mit etwa zehn Hirten standen unter einem Oberhirten. Dieser sollte ein älterer aber noch kräftiger Mann sein. Er hatte die Arbeit, wie die Nahrung zu vertheilen, auf den richtigen Betrieb, wie auf die Geräthe zu achten, endlich dem Herrn Rechnung zu legen. Für den Fall der Krankheit an Menschen und Vieh soll er mit einer gehörigen Anzahl von Hausmitteln versehen sein. Die gewöhnlichen Arbeiten vertheilten sich auf den ganzen Tag. Im Sommer wurde mit dem ersten Tagesgrauen, wo das Gras noch feucht ist, ausgetrieben; wenn die Sonne hoch stand, ging das Vieh zur Tränke; Mittagsrast fand unter schattigen Felsen oder Bäumen Statt; dann wurde wieder bis zum Einbruch der Dunkelheit geweidet, dazwischen nochmals getränkt und die Thiere in die Hürden gebracht. Die Herbst- und Winterarbeit unterschied sich nur dadurch, dass den ganzen Tag geweidet wurde mit einmaliger Tränkung am Mittag. Die Hirten, welche unter demselben Oberhirten standen, sollten sich über Tag zusammen halten; jeder übernachtete abgesondert bei seiner Heerde; vorher gab es ein gemeinsames Mahl. Varro hält es für rathsam den Hirten die gewöhnliche Sklavenehe zu gestatten; nur sollten ihnen keine einfältigen Weibsbilder, sondern kräftige, abgehärtete Personen beigegeben werden, welche sie in der Hütung unterstützen, Holz herbeitragen, die Speisen kochen, die Geräthe bewahren könnten.

Diese Praxis mag im Ganzen auch auf Sicilien Anwendung gefunden haben; nur scheint hier den Hirten die Ehe und die Möglichkeit, ein Sondereigen zu ersparen, höchst selten vergönnt gewesen zu sein. Jedenfalls musste sie die Gemeinsamkeit des Lebens und der Interessen bald eng mit einander verbinden. Den Herren kam es lediglich darauf an, mit möglichst geringen Kosten möglichst reichen Gewinn zu erzielen.

Wiesen sie doch die Sklaven zur Befriedigung ihrer geringen Bedürfnisse an Nahrung und Kleidung ausdrücklich auf den Raub hin, der ohndiess dem Hirtenleben so nahe liegt [1]). Bald war in ganz Sicilien Weg und Steg unsicher; allein und unbewaffnet wagte niemand mehr selbst auf den Hauptverkehrsstrassen die Insel zu durchreisen; täglich hörte man von Raubmord und Gewaltthat. Bald thaten sich die räuberischen Hirten in Schaaren zusammen, überfielen Nachts die einsamen Gehöfte der kleinen Bauern, plünderten sie aus, ermordeten die Insassen und liessen nur rauchende Trümmerhaufen zurück. Den römischen Rittern und der einheimischen Geldaristokratie war die allgemeine Noth gleichgültig. Mochte Kleinverkehr und Binnenhandel zu Grunde gehen, mochte der mittlere Bauern- und Pächterstand immer mehr verschwinden: in dem verblendeten Egoismus, der mit jeder systematischen Ausbeutung der Mitmenschen Hand in Hand geht, betrachteten sie wohl gar jeden verlassenen Bauernhof als eine Erweiterung ihres Weidegebietes, die Menschenarmut des inneren Landes als eine Förderung ihres Geschäftes [2]). Wie sie dachten, zeigt die Antwort, welche Damophilos, einer der reichsten Latifundien- und Heerdenbesitzer von Enna, einigen seiner Sklaven gab, als sie im jämmerlichsten Aufzuge ihn eines Tags um Kleidung baten: „Ziehen denn die Reisenden nackt durch das Land und müssen sie nicht ohne Widerrede Zoll geben dem, der Kleider braucht?" Hierauf befahl er, die Männer, welche es gewagt hatten, ihn an seine

---

[1]) Ehre des Räubergewerbes bei Nomaden Roscher u. a. O. II § 14. Treffende Bemerkung bei Diod. fr. 2, 30: τροφῆς καὶ γάλακτος καὶ κρεῶν πλῆθος ἐξηγρία τάς τε ψυχὰς καὶ τὰ σώματα.

[2]) Es ist genugsam bekannt, wie noch bis in die neuste Zeit in der Basilicata und in Calabrien reiche Grundbesitzer den Brigantaggio geradezu als Spekulation trieben. „Sie rüsten eine Bande aus, gewähren ihr Schutz und Zuflucht und beziehen dafür vom Gewinn ihre Procente." Von dem sicilischen Adel wird versichert, dass er die Briganten nicht nur gewähren liess, unter der Bedingung, dass sie das Eigenthum ihrer Gönner respektierten, sondern sich für Reisen und ähnliche Fälle geradezu den Schutz einer Bande erkaufte.

Pflicht zu erinnern, an die Säulen zu binden und auszupeit-
schen; dann sandte er sie zu ihrer Arbeit zurück.

Kein Wunder, dass unter diesen Umständen das Räuberunwesen bald eine Ausdehnung erlangte, die aller obrigkeit-
lichen Autorität spottete und gegen welche einfache Polizei-
massregeln nicht mehr genügten. Wer hätte den an Geist
und Körper verwilderten Hirten auch wehren sollen? Ihre
gewöhnlichen Aufseher, die Oberhirten, waren selbst Sklaven
und fanden es in ihrem Interesse mit den Untergebenen gemeinsame Sache zu machen [1]). Geschlossene Strecken mit
sesshaften Kleinbauern, welche dem Unwesen einen natür-
lichen Damm entgegengesetzt hätten, gab es kaum mehr [2]).
Mancher freie Mann, den die Concurrenz des Kapitals oder
selbst gewaltsame Mittel von Haus und Hof gebracht hatten
und dem die Billigkeit der Sklavenarbeit eine ehrliche Han-
thierung als Taglöhner abschnitt, mochte lieber durch die
Beute, welche er mit dem Knüttel in der Faust erzielte, sein
Leben fristen, als mit Weib und Kind hungern und betteln.
Oder sollte er etwa abwarten, bis einer der vornehmen Herren
sich seiner Blösse erbarmte, ihn aufgreifen und bei der Sklavenheerde eines grossen Gutes unterstecken liess, wo er am Ende
in Ketten und unter Schlägen sein früheres Eigenthum be-
bauen musste [3])? „Wie Kriegsheere", heisst es bei Diodor,
„waren die Räuber über die Insel ausgebreitet."

Endlich musste die Provinzialregierung doch eingreifen.
Freilich ein römischer Prätor kam nicht in die Provinz, um
dafür zu sorgen, dass die Unterthanen unter den römischen
Ruthenbündeln ruhig und sicher wohnen konnten, um aus-
geraubten Wanderern zum Schadenersatz, den Angehörigen

---

[1]) Wie bei den bruttischen Kohlenbrennern Cic. Brut. 23.

[2]) Vgl. Niebuhr in den Lebensnachrichten II. S. 399: „Wo man Erbpächter oder kleine Eigenthümer antrifft, da findet man auch Fleiss und
Bravheit. Ich glaube, dass ein Mann, der ein grosses Vermögen anwendete,
um kleine Besitzungen einzurichten, die Räuberei in den Bergen ausrotten
könnte."

[3]) Wie oft dergleichen vorkam, zeigt Diod XXXVI fr. 3.

der schmählich unter Räuberhänden gefallenen zur Rache zu
verhelfen, Mordbrenner von Haus und Hof des kleinen Mannes
abzuhalten : die Provinzen waren ja nur „Landgüter des römischen Volkes" [1]), und wenn der Statthalter dafür sorgte,
dass die Steuern, Zehnten und Hutgelder regelmässig in den
Schatz zu Rom, d. h. zunächst in die Taschen der Generalpächter flossen, dass die Geschäftsmänner aus dem Ritterstande
ungestört mit eigenem und fremdem Gelde ihre Wucherge-
schäfte bei Privaten und Gemeinden treiben konnten, so durfte
er des Beifalls aller massgebenden Kreise sicher sein. Hatte
er selbst doch für Aufwand bei den Spielen und Bestechung
bei der Candidatur es sich etwas Erkleckliches kosten lassen,
bis er die Stufen der Aemterleiter zur Prätur hinangeklommen
war, hatte er doch schon Jahre lang bei den Ausgaben seiner
Privatwirthschaft auf die Hülfsmittel einer reichen Provinz
gerechnet, vielleicht seine Gläubiger darauf vertröstet : das
Alles musste in der kurzen Zeit eines Jahres wiedergewonnen
werden und noch ein Bedeutendes dazu für die demnächstige
Consulwahl oder etwa nöthig werdende Bestechung der Richter
bei Anklagen wegen schlechter Verwaltung. Wer sollte ihn
hindern, der allen republikanischen Ueberlieferungen zum
Trotz mit königlicher Gewalt bekleidet war und bald wie ein
persischer Satrap auftreten lernte? Freilich lebte der wackere
Mann noch, der vor wenig Jahren (149) die Einsetzung eines
stehenden Gerichtshofes für die Erpressungen der Statthalter
in den Provinzen durchgesetzt hatte [2]); die mit verhängniss-
voller Raschheit einander folgenden Wiederholungen und
Verschärfungen des zum Schutze der Unterthanen erlassenen
Gesetzes zeigen, dass die Prätoren, wenn sie das Diebsge-
schäft nur leidlich anständig trieben, und es nicht zum offenen
Skandal kommen liessen, nicht Ursache hatten, sich zu fürchten.

---

[1]) Cic. Verr. II, 3, 7: quoniam quasi quaedam praedia populi Romani
sunt vectigalia nostra atque provinciae —
[2]) Ueber die lex de pecuniis repetundis des L. Calpurnius Piso s. Lange,
R. A. II S. 283. 564 f.

Wie war es auch anders möglich? Der Gerichtshof war aus
Senatoren zusammengesetzt unter dem Vorsitze eines Prätors:
die ersteren hatten sich vielleicht selbst in der beregten
Hinsicht manches vorzuwerfen oder liessen sich bestechen
oder von dem einflussreichen Familienanhange des Angeklagten
gewinnen; der letztere mochte sich das für das folgende
Jahr in Aussicht stehende Geschäft in der Provinz nicht verderben. Für die Provinzialen gab es Kosten, Amtsgeläufe
nach der Hauptstadt, mancherlei Plackereien von Seiten des
neuen Prätors; der Erfolg war in jedem Falle für sie wenig
günstig. So kam es, dass die Statthalter auf Sicilien dem
Räuberunwesen lange Zeit ruhig zusehen durften und als sie
endlich genöthigt waren einzugreifen, ihre Versuche, dem
schreienden Misstande zu steuern, erfolglos blieben, weil sie
nicht mit strengen Strafen gegen die eigentlichen Urheber
und Begünstiger des Unwesens vorzugehen wagten. Wurde
einmal eine Bande der räuberischen Sklaven aufgebracht, so
wurden sie einfach ihren Herren zurückgegeben. Hätte man
doch durch ein strenges Verfahren einem der mächtigen
Heerdenkönige oder Güterspekulanten eine Vermögensschä-
digung zufügen müssen und dann den ganzen Ritterstand
gegen sich gehabt, mit dem man es in keiner Weise verderben
durfte, da man seiner zur richtigen Ausbeutug der Provinz
dringend benöthigt war. Ausserdem standen diese Geldmänner
in engster Beziehung zu den Regierungsmännern in Rom:
hochangesehene Senatoren scheuten sich nicht, durch die
Negotiatoren wucherische Geldgeschäfte in den Provinzen
treiben zu lassen, die ihnen selbst das Gesetz untersagte [1]),
und wo solche Drähte nicht gespannt waren, da verfehlte der
richtig angesetzte Hebel einer vollen Geldbörse selten seine
Wirkung — Ursachen genug, wesshalb an eine gründliche
Säuberung der Insel nicht zu denken war [2]).

---

[1]) Vgl. Becker-Marquardt III, 1 S. 292 n. 2000.

[2]) Diod. fr. 2, 3. 31: οἱ δὲ στρατηγοὶ κωλύειν μὲν ἐπεχείρουν τὴν
ἀπόνοιαν τῶν οἰκετῶν, κολάζειν δὲ οὐ τολμῶντες διὰ τὴν ἰσχὺν καὶ
τὸ βάρος τῶν δεσποτῶν ἠναγκάζοντο περιορᾶν τὴν ἐπαρχίαν λῃστευ-

Auf Selbsthülfe der sicilischen Gemeinden war noch viel weniger zu rechnen. Denn abgesehen davon, dass ihnen durch die Isolierung der Stadtbezirke ein gemeinsames Handeln aus eigener Initiative fast abgeschnitten war[1]), hatten die Römer die Leitung der inneren Gemeindeangelegenheiten der städtischen Geldoligarchie übertragen, und diese befand sich bei den herschenden' Zuständen nicht gerade im Nachtheil. Die Sklavenhalter lebten wie Menschen, deren einzige Leidenschaft Pleonexie, deren einziger Lebenszweck Genuss ist. Und den letzteren den flüchtigen Tagen abzugewinnen verstand man von jeher in Sicilien meisterhaft. Damophilos zeichnete sich auch hier vor Allen aus. Er suchte es den römischen Geldfürsten nicht nur in roher Schwelgerei, zu der er seiner Unbildung nach besonders hinneigte, sondern auch in der Menge der Sklaven und in unmenschlicher Herzenshärtigkeit gegen dieselben wo möglich noch zuvorzuthun. Gross war der Tross seiner Luxussklaven, aus denen die jüngsten und schönsten zum näheren Dienste des Herrn auserlesen waren. Andere wieder hatte er zu einer militärisch bewaffneten Compagnie ausbilden lassen[2]), sowohl zur Aufrechterhaltung der Ruhe und Ordnung unter der Sklavenheerde, als auch um der Familie des Herrn als Eskorte zu dienen, wenn sie auf ihren mit aller Bequemlichkeit ausgestatteten, von den prächtigsten Pferden gezogenen Staatskarossen eines ihrer vielen Landhäuser besuchen wollte. Die letzteren waren mit unerhörter Pracht ausgestattet: kunstvoll

---

ομένην. οἱ πλεῖστοι γὰρ τῶν κτητόρων ἱππεῖς ὄντες ἐντελεῖς τῶν Ῥωμαίων, καὶ κριταὶ τοῖς ἀπὸ τῶν ἐπαρχιῶν κατηγορουμένοις στρατηγοῖς γινόμενοι, φοβεροὶ ταῖς ἀρχαῖς ὑπῆρχον. Das Letztere ist ein Irrthum, da die lex iudiciaria des C. Gracchus erst 123 gegeben wurde. Vgl. darüber d. Exc. über die Quellen.

[1]) Die „allgemeinen sikeliotischen Landtage mit ihrem unschädlichen Petitions- und Beschwerderecht" (Mommsen I, 551) waren für solche Fälle natürlich nicht gemacht.

[2]) Vielleicht eine Gladiatorenschule, wie sie wohl schon damals die reichen Römer zu halten anfiengen. Friedländer Sittengesch. II, 223.

gearbeitete Silbergefässe und Purpurteppiche erschienen überall bis zur Ueberladung. Ueppige Gastmähler und Trinkgelage, bei denen eine zahlreiche Schmarotzerschaft unverschämter Schmeichler sich breit machte, und wo die ganze Verkommenheit und Unbildung des übermüthigen Gründerthums zu Tage trat, gaben häufig dem Herrn willkommene Gelegenheit, seinen Reichthum zur Schau zu stellen. Unterdess litten seine zahlreichen Feldarbeiter und Hirten am Nothwendigsten Mangel, jede Widersetzlichkeit, jedes Versehen wurde mit den härtesten Züchtigungen geahndet. Mancher, den Kriegsunglück hierher verschlagen, schmachtete in den Arbeiterzwingern des hochmüthigen Emporkömmlings, an den Füssen schwere Ketten, auf der ehmals freien Stirn die schmählichen Male des glühenden Eisens, vielleicht gar in ein Hundehalsband geschmiedet mit den Zeichen des Flüchtlings [1]). Nicht weniger schlimm war die Lage der Hausslaven. „Kein Tag vergieng, an welchem Damophilos nicht einige seiner Diener aus ungerechten Ursachen grausam misshandeln liess und nicht minder fand sein Weib, Megallis, Freude an grausamer Peinigung ihrer Dienerinnen und der zu ihrem Dienste bestellten Sklaven."

So war es mehr oder weniger überall in den Häusern der reichen Sikuler und der grossen römischen Spekulanten. Die Folgen blieben nicht aus: zunehmende Verthierung und störrische Bosheit unter den Ackersklaven, hündische Unterwürfigkeit und hämische Rachegelüste bei den Bedientenschaaren der Städte, Verwilderung und kriegerisches Räuberleben in den ausgedehnten Weidebezirken, die nackte Bettelhaftigkeit und zehrender Neid in den städtischen Armenvierteln und auf den verödeten Dörfern — überall ein Gefühl tödtlichen Hasses gegen die Reichen.

Wo tiefe sociale Misstände ganze Zeit- und Länderräume beherschen, da ist nichts leichter als eine Organi-

---

[1]) Nur dieser Zug aus den Inschriften, die Marquardt V, 1, 191 u. 1184 anführt; alles Andere getreu nach Diod. fr. 2, 10. 34 ff.

sation des Widerstandes und der Ungesetzlichkeit von Seiten der Gedrückten und wirthschaftlich Vernachlässigten [1]). Die Gemeinsamkeit des Lebens und der Leiden, des Zornes und des Hasses führte bald vielfach unter den Sklaven Verbindungen herbei, wie sie bei den halbwilden Räuberbanden der Berge längst bestanden. Strebten diese nur darnach, einander bei Ausübung des sauberen Handwerkes in die Hände zu arbeiten, so fassten jene das Ziel offener Empörung ins Auge. Sie benutzten jede Gelegenheit um insgeheim zusammenzukommen und Pläne zu entwerfen, welche eine Aenderung ihrer Lage durch Ermordung der Herren bezweckten. Die letzteren schienen diese Umtriebe gar nicht zu bemerken, was um so leichter begreiflich ist, da die vielen Güter und die übermässige Ausdehnung der Wirthschaft selbst den fleissigen Herrn nöthigten, das Meiste seinen Gutsverwaltern und Oberhirten zu überlassen. Und wenn er auch einige Male im Jahre seine Güter bereiste, den einzelnen Sklaven kannte er kaum genauer, als ein Stück seiner Heerde. Vielleicht meinte man auch, dass die mit seltenem Aufwande von raffinierter Bosheit ausgedachten Mittel, Sklavenheere im Zaume zu halten, an denen Karthager, Griechen und Römer zusammengearbeitet zu haben schienen, auch für die Zukunft vorhalten würden. Schärfer sehende Leute wollten freilich schon lange das Wetterleuchten des drohenden Gewittersturmes bemerkt haben [2]).

Enna, das heutige Castrogiovanni, ist eine der Sicilien eigenthümlichen Bergstädte, welche wahrscheinlich die Ur-

---

[1]) Treffend ist bei Diod. fr. 2, 33 bemerkt: ὅσῳ δ᾽ ἂν τὰ τῆς ἐξουσίας εἰς ὠμότητα καὶ παρανομίαν ἐκτρέπηται, τοσούτῳ μᾶλλον καὶ τὰ τῶν ὑποτεταγμένων ἤδη πρὸς ἀπόνοιαν ἀποθηριοῦνται· πᾶς γὰρ ὁ τῇ τύχῃ ταπεινός τοῦ μὲν καλοῦ καὶ τῆς δόξης ἑκουσίως ἐκχωρεῖ τοῖς ὑπερέχουσι, τῆς δὲ καθηκούσης φιλανθρωπίας στερισκόμενος πολέμιος γίνεται τῶν ἀνημέρως δεσποζόντων.

[2]) Diod. fr. 2, 25: καὶ ταῦτα ἀπήντησε τοῖς μὲν πολλοῖς ἀνελπίστως καὶ παραδόξως, τοῖς δὲ πραγματικῶς ἕκαστα δυναμένοις κρίνειν οὐκ ἀλόγως ἔδοξε συμβαίνειν.

4*

einwohner zum Schutze gegen die vordringenden Einwanderer angelegt haben [1]). Es lag innerhalb der grossen Weidegebiete, fast im Mittelpunkte der Insel, auf einem steil abstürzenden über 3000 Fuss hohen Bergkegel. Die gewaltige Felsmasse ist oben zu einer Ebene abgeplattet, welche genügenden Raum zur Anlage einer bedeutenden Stadt bot. Dieselbe hatte nur wenige, leicht zu deckende Zugänge, Mauern und Gräben waren völlig entbehrlich, an Wasser fehlte es oben nicht; noch das ganze Mittelalter hindurch behielt sie den Namen der Uneinnehmbaren. Hier kreuzten sich die beiden grossen Verkehrsstrassen, welche von Panormos nach Leontini und von Katana nach Akragas das innere Land durchschneiden und die drei Seiten der Küste fast in der Mitte treffen. Hier befand sich der Ursitz und das Stammheiligthum der hochgefeierten Demeter von Enna [2]), der Schützerin der ganzen Insel, welche nicht bloss die Bewohner von Sicilien mit schwärmerischer Inbrunst als mächtige Helferin in der Noth verehrten, deren Name auch weit in Italien und Griechenland hohes Ansehen genoss. Zweimal im Jahre wurden hier den hehren Göttinnen vielbesuchte Feste gefeiert, zur Saatzeit der Erdmutter und wenn das Korn zu reifen begann der Persephone [3]). Nicht weit von der Stadt war auf einer rings von jähen Felswänden eingeschlossenen, aber wohl bewässerten Hochfläche die Wiese, von welcher der schwarze Fürst der Schatten die jungfräuliche Kore, als sie blumenpflückend hier verweilte, geraubt haben sollte. Fromme En-

---

[1]) Hauptstellen der Alten: Diod. V, 3 sq. Strabo VI p 272 sq. Cic. Verr. IV, 48 sq Ov. Met. V, 385 sqq. Firmic. Matern. de err. prof. rel. c. 7.

[2]) Ihr Cult schloss sich ohne Zweifel an einen uralten einheimischen an; vgl. Mannert, Geogr. IX, 2 S. 419. Kuhn, Beiträge zur Verf. d. r. R. S. 164 f. Cic. Verr. IV, 49, 107 zeigt, dass Demeter bei den frommen Sikulern damals dieselbe Stelle einnahm, wie heute die Madonna.

[3]) Vgl. Nitzsch a. a. O. S. 285: „Auf dem Zug des Viehs gen Süden wird heute im November ein Krammarkt, auf dem gen Norden im Mai der grösste Viehmarkt der Insel hier abgehalten“, offenbar ein Ueberrest jener alten Festversammlungen.

näer zeigten noch in der Nähe die Höhle, in welcher der
Wagen Plutons mit der schönen Beute verschwunden war.
Die Bergwiese war ein bunter Teppich von Veilchen und
Hyacinthen, Narcissen und Rosen, Epheu und Majoran; nie
verblühten hier die Blumen und ihr Duft war so betäubend,
dass wohlgeübte Jagdhunde die Spur des Wildes verloren.
In der ganzen Umgegend wechselten schattige Haine mit
lieblichen Seen, grünen Wiesen und fruchtbarem Saatlande.
Die Stadt mochte sich damals von dem furchtbaren Blutbade
wieder erholt haben, in welchem 214 L. Pinarius den grössten
Theil der Bevölkerung hatte niedermetzeln lassen [1]). In Folge
ihrer Lage im Mittelpunkte des ganzen Binnenverkehrs mussten Handel und Industrie nicht unbedeutend sein; die Umgegend war noch gut bebaut [2]). Der Waizen von Enna be-
hauptete seinen alten Ruf. Das Stadtregiment mochte, wie
in den übrigen Gemeinden, der städtischen Geldaristokratie
anheimgegeben sein. Aber ungeheuere Sklavenmassen fanden
sich hier sowohl in den städtischen Werkstätten, als in den
Arbeitshäusern der Meierhöfe zusammengedrängt; das Elend
der Sklavenwirthschaft schien sich auf diesem Punkte in
seinen furchtbarsten Formen vereinigt zu haben. Wenn etwa
einer dieser Armen von der weitschauenden Höhe des De-
metertempels Umblick gehalten hätte über die nächste Umgebung, wo die Göttin selbst alle ihre Reize ausgestreut zu
haben schien, oder in die Ferne nach Osten, wo über dem
Thale des Symäthus das hohe Centuripä herüberleuchtete
und im Hintergrunde der Aetna sein gewaltiges Haupt zu
den Wolken emporstreckte, nach Norden, wo die Ketten der
Nebroden sich lang dahinzogen, oder nach Süden, wo das
Auge über einen vieldurchschnittenen steppengleichen Anger
bis zu den heräischen Bergen und den Höhen von Akragas
schweifte: so musste ihn ein bitteres Gefühl beschleichen,

---

[1]) Liv. XXIV, 37—39. Frontin. Str. IV, 7, 22.

[2]) Strabo VI p. 272: Ἔνναν — περιειλημμένην πλατίσιν ὁροπεδίοις
ἀροσίμοις πᾶσιν.

dass die allhelfende Erdmutter ihm allein ihre segnende
Hand verschlossen hielt, dass selbst die Gabe des Landbaus,
den sie den Menschen als Quelle häuslichen Glücks und
frommer Gesittung verliehen, tausenden seiner Brüder zum
schwerlastenden Fluche wurde.

In Enna lebte damals im Hause eines gewissen Antigenes [1])
ein Syrer aus Apamea, Namens Eunus, der unter seinen Mitsklaven, meist Landesgenossen, in nicht geringem Ansehen
stand. Er war ein grosser Magier und Wunderthäter, der zu
den Göttern in nächster Beziehung stand und nicht nur im
Traume von ihnen die Zukunft erfuhr, sondern auch in
wachendem Zustande sie leibhaftig vor sich sah. Einige
glücklich eingetroffene Weissagungen verschafften ihm einen
weit über die nächste Umgebung von Enna hinausgehenden
Ruf, zu dessen Verbreitung die Hirten nicht wenig beitragen
mochten, welche jährlich zweimal auf ihren Zügen von der
Sommer- nach der Winterweide und rückwärts diese Haupt-
station der Südstrasse berühren mussten. Eunus war aber
auch ein Mann, der sein Amt mit Würde und Geschick zu
vollziehen [2]) und seine Weissagungen mit den, ob wahren,
ob falschen, jedenfalls nöthigen und wirksamen Verzückungen
zu begleiten wusste. Er verstand Feuer zu speien und andere
Wunderkünste, die ihn in den Augen der Menge zu einem
grossen Propheten stempelten. Zuletzt trat er mit der Versicherung hervor, die syrische Göttin sei ihm erschienen und
habe ihm verkündet, dass er König werden würde. Er war
so fest überzeugt von seiner göttlichen Berufung, dass er
nicht bloss seine Mitsklaven sondern auch seinen eigenen
Herrn von seiner zukünftigen Herlichkeit unterhielt, zum
nicht geringen Ergetzen dieses und der Freunde desselben,

---

[1]) Nach Diod. fr. 2, 5. Eunus gehörte eigentlich zur Familie eines im
Besitze des Antigenes und Python (§ 15) befindlichen Compagniegeschäftes,
scheint aber dem Antigenes zu näherem Dienste zugewiesen gewesen zu
sein. Ebenso hatte der unten zu erwähnende Achäos mehrere δεσπόται (§. 42).

[2]) πολλοὺς διὰ τὴν εἰς τοῦτο τὸ μέρος εὐφυΐαν ἐξηκάτα κτλ.

welchen der Wundermann öfters bei Gastereien zur Unter-
haltung vorgeführt wurde. Und wenn dann die Lustigsten
aus der Gesellschaft ihn über die Einrichtungen des ge-
träumten Reiches der Zukunft befragten, so gab er ernsthaft
Auskunft: er werde die Herren mit Mässigung behandeln.
Der Wohlthaten, die dem braven Spassmacher von den
üppigen Tischen gereicht wurden, versprach er eingedenk
zu sein.

Dem Possenspiele sollte blutiger Ernst folgen. Eine Anzahl Sklaven des oben erwähnten Damophilos, entschlossen
die unmenschliche Härte ihres Peinigers nicht länger zu er-
tragen, fassten zuerst den Entschluss, loszuschlagen. Möge
es kommen, wie es wolle, meinten sie, kein Ausgang könne
schlimmer sein, als ihr gegenwärtiges Loos. Vorerst giengen
sie zu Eunus, um von ihm den Rathschluss der Götter in
ihrer Sache zu erfahren. Nach den gewöhnlichen Gaukeleien
verkündigte er ihnen, die Gunst der Götter werde mit dem
Unternehmen sein, wenn man sofort zur That schreite. Sei
ihnen doch vom Schicksale selbst die Vaterstadt Enna befestigt als eine Zwingburg der ganzen Insel.

Da galt kein Zaudern mehr. Man löste den Gefesselten
die Bande; man raffte aus der Umgegend zusammen, was
man an gleichgesinnten Genossen finden konnte; um 400
kamen bei Einbruch der Nacht auf dem bestimmten Sammel-
platze, einem Felde in der Nähe des Stadtberges, zusammen.
Sie vereinigten sich schnell zu einem Bunde und schworen
über feierlichen Opfern die heiligsten Eide, auszuharren und
fest zusammenzustehen. Die Schaar hatte sich bewaffnet,
so gut es die Umstände zuliessen; „alle aber waren gegürtet
mit der stärksten der Waffen, dem Zorn nach dem Verderben
der übermüthigen Herren." So eilten sie die Höhe von Enna
empor, mit verhaltenen Zurufen einander ermuthigend, allen
voraus Eunus, gaukelnd und Feuer speiend. Ohne Widerstand zu finden gewannen sie die Stadt, besetzten die Strassen
und drangen in die Häuser ein. Die Reichen erfuhren die
ganze Grausamkeit und Zügellosigkeit der Sklaven, welche

die Ketten gebrochen. Wüstes Schreien und Morden überall. Kinder wurden aus den Armen der Mütter gerissen, an den Frauen empörende Gewaltthat verübt vor den Augen der Männer. An Widerstand war nicht zu denken. Bei dem ersten Lärme hatten auch die städtischen Sklaven, wahrscheinlich im Einverständnisse mit den Eingedrungenen, sich erhoben, ihre Herren überwältigt und sich dann dem allgemeinen Morden angeschlossen. Gar mancher Sklavenhalter büsste seine frevelhafte Unmenschlichkeit mit dem Tode.

Aber einer fehlte, dem man vor allem heimzuzahlen gedachte, Damophilos. Als die Getreuen des Eunus endlich vernahmen, dass er auf seinem Lustgarten nicht weit von der Stadt sich aufhalte, schickten sie eine Abtheilung aus, ihn zu fangen. In der Zwischenzeit kühlte sich die Gluth des Hasses und der Rache etwas ab, und als die Abgesandten mit Damophilos und Megallis erschienen, fanden sie die Menge im Theater versammelt. Mit auf den Rücken gebundenen Händen, überall die frischen Spuren arger Misshandlungen zeigend, wurden die Hauptschuldigen hereingeführt, um einem vollständigen Gerichtsverfahren unterzogen zu werden. Als nun aber Damophilos sich gegen die schweren Anklagen durch allerlei Kniffe zu vertheidigen suchte und seine glatten Reden auf nicht wenige der Versammelten einen unverkennbaren Eindruck machten, da drangen zwei seiner Hauptfeinde, Hermeias und Zeuxis, auf ihn ein: der eine stiess ihm sein Messer in die Seite, der andere tödtete ihn vollends durch einen Schlag mit der Axt ins Genick. Megallis wurde später ihren Dienerinnen überliefert, welche sie, nachdem sie ihr die früheren Quälereien reichlich vergolten hatten, von einem Felsen herabstürzten. Nur die Tochter dieses so jäh inmitten eines übermüthigen Glückes vom Schicksale ereilten Paares blieb verschont. Sie hatte sich nie an den im Hause üblichen Grausamkeiten betheiligt, sich vielmehr stets den unglücklichen Sklaven freundlich und mitleidig erwiesen, die Geschlagenen getröstet, die Gefesselten mit des Lebens Nothdurft versorgt. Die Erinnerung alles dessen wurde in so

treuem Herzen bewahrt, dass selbst in dem ersten Sturme
des Aufruhrs sich keine gewaltthätige Hand an der Jungfrau
vergriff. Nachher liess man sie durch eine Anzahl zuver-
lässiger Leute unter Führung des Hermeias nach Katana zu
Verwandten geleiten. „So zeigten die aufständischen Sklaven",
sagt unser Gewährsmann, „wenn sie auch sonst niemanden
aus den Häusern ihrer Herren verschonten und sich zu schrecklicher Gewaltthätigkeit und Rache hinreissen liessen, dass
das von ihnen Verübte nicht Rohheit ihrer Natur war, sondern eine gerechte Vergeltung des früher an ihnen geschehenen Unrechts".

Die Rache war gesättigt. Jetzt trat an die Versamm-
lung im Theater zu Enna die weit schwierigere Frage heran,
was es weiter geben sollte. Der Verlauf beweist, dass man
sich dieselbe schon früher gestellt und beantwortet hatte und
dass in den geheimen Verbindungen, deren oben gedacht
worden ist, der Boden vorbereitet war. Die Aufständischen
stellen sich keineswegs als eine Rotte roher Knechte dar,
die nur ihre Ketten abgeschüttelt hätten, um im Blute zu
waten und dann zu schwelgen, sondern als Männer, die entschlossen sind, sich um jeden Preis aus der socialen Erniedrigung emporzuraffen, ihrer Menschenwürde wieder Anerkennung zu verschaffen und die blutsaugerische Geldoligarchie als ein Glied der Gesellschaft auszustreichen. Was
dagegen an den vorhandenen Zuständen erhaltungswerth und
lebensfähig schien, das sollte festgehalten und auf den Trümmern der gestürzten eine neue staatliche Ordnung aufgerichtet
werden, welche freilich das unterste zuoberst kehrte, aber
alles enthielt, was von rein menschlichem Standpunkte als
nach den Umständen erreichbar und wünschenswerth bezeichnet werden kann. Hätte man freilich die allgemeine Welt-
lage, insbesondere die unerschöpflichen Hülfsmittel des römischen Staatswesens für sich in Anschlag zu bringen, so
müsste der Versuch, für den Umkreis der nichts weniger
als isolierten Insel ein Sklavenkönigreich zu errichten, dem
Wahnwitze gleich erachtet werden. Aber soweit der römi-

sche Einfluss reichte, herschten dieselben wirthschaftlichen
Verhältnisse, dieselbe Menschenarmut, derselbe Uebermuth der
Kapitalmacht, Millionen seufzten unter dem Drucke eines harten Sklavengeschicks, unter diesen gar mancher, der früher
bessere Tage gesehen hatte und derselben noch jetzt werth
war. Das ganze Ausnutzungssystem erhielt die Massen in be-
ständigem Fluss. Lässt sich auch nicht das Bestehen weit-
greifender Verbindungen unter den Sklaven der verschiedenen
Provinzen des römischen Reiches nachweisen, soviel konnte
man in Sicilien wissen, dass die erste Nachricht von der hier
geschehenen That überall zünden, überall das Verlangen nach
Erlösung stärken, die Verzagten ermuthigen, die Entschlossenen
anfeuern müsse.

Für die Aufständischen in Enna war das Oberhaupt von
Anfang an gegeben. „Eunus wurde zum Könige gewählt,
nicht seiner Tüchtigkeit oder seines Feldherrntalents wegen,
sondern allein in Folge seines Wunderschwindels und weil
er der Urheber der Empörung gewesen, zugleich auch weil
man wähnte, dass sein Name (εὔνους der Wohlwollende) eine
gute Vorbedeutung für die Zuneigung der Unterthanen ent-
halte." Der neue Herscher legte nach orientalischer Sitte
die königliche Kopfbinde an und umgab sich mit königlichem
Schmuck und einem ämterreichen Hofstaate. Die ihm zur
Ehegenossin beigegebene Sklavin, eine Syrerin, ebenfalls aus
Apamea, machte er zur Königin. Sich selbst nannte er in
drastischer Nachahmung der heimatlichen Verhältnisse Antiochos, seine Untergebenen Syrer.

Erinnern diese und ähnliche Dinge einigermassen an
das im Alterthume verrufene läppische Wesen des syrischen
Volkes[1]) und ist bei den Erfolgen des merkwürdigen Propheten und Königs immer die tiefe Empfänglichkeit des semi-
tischen Stammes für religiöse Einwirkungen, die sich bis zum
Fanatismus steigernde Ghut und Hartnäckigkeit, mit der er

---

[1]) Sprüchw. Σύροι πρὸς Φοίνικας Diogen. VIII, 19. Apost. XV, 71;
μὴ ὢν Σύρος μὴ σύριζε Apostol. XI, 42, wo die Erkl. zu vergl.

ihnen nachgeht und an denselben festhält, mit in Anschlag
zu bringen: was wir von der Regierung des Eunus wissen
verräth einen richtigen Einblick in die bestehenden Verhältnisse und mehr als gewöhnliche Befähigung. Schon gleich
seine ,erste Regierungshandlung beweist, dass er in seinem
vorigen Stande nicht umsonst die Formen der freien Ge-
meindeverfassungen kennen gelernt hatte, welche die Römer
als eine Art Spielwerk den Provinzialstädten gelassen hatten;
er berief eine Volksversammlung, welche die gefangenen Ennäer zum Tode verurtheilte, gestattete also in gewissem Sinne
den Bürgern des neuen Staates die Theilnahme an der Regierung desselben. Freilich zeigt sich hier sofort die Natur
des Orientalen und eine nichts weniger als königliche Gesinnung darin, dass er sichs nicht nehmen liess, seine früheren
Herren, Antigenes und Python, mit eigener Hand niederzu-
stossen. Nur die Waffenschmiede liess er am Leben: sie wurden gezwungen in Fesseln zu arbeiten. Auch denjenigen,
welche ihn früher, als er die lebenslustigen Kreise der reichen
Ennäer durch seine Weissagungen und Wunderthaten amüsie-
ren musste, mit Speisen beschenkt hatten, schenkte er jetzt
das Leben. Bemerkenswerth ist noch, dass er den Sklaven
anbefahl, den Tempel und die übrigen Heiligthümer der
Demeter auf das sorgfältigste zu schonen[1]). Zuletzt wählte
er sich aus den Verständigsten einen Rath, in dem bald der
Grieche Achäos die hervorragendste Stelle einnahm.

Achäos war ein Mann, welcher zu der Ueberlegenheit,
die ihm die griechische Bildung über die unwissenden, bi-
gotten Massen der Orientalen gab, ungewöhnliche Klugheit
und rücksichtslose Thatkraft, einen sicheren Blick und rasches
Organisationstalent mitbrachte. Weit entfernt, dem „unum-
schränkten Gebieter" der Syrer[2]) zu schmeicheln, sagte er
ihm in allen Lagen rückhaltlos die Wahrheit und Eunus war
so verständig, dies nicht nur nicht als eine Herabsetzung seiner

---

[1]) Cic. Verr. IV, 50, 112.

[2]) Diod. frgm. 2, 15: τῶν ὅλων τοῖς ἀποστάταις καταστὰς κύριος.

Würde übel zu nehmen, sondern auf die Rathschläge des unerschrockenen Mannes zu hören und sie zu befolgen. Zur Anerkennung seiner Verdienste beschenkte er ihn mit dem Hause seiner früheren Herren. Ohne Zweifel war Achäos einer der Gefangenen des unglücklichen achäischen Krieges, der vor Kurzem mit der Zerstörung Korinths und anderer Städte sein Ende gefunden hatte. Der Schmerz über sein geknechtetes Vaterland und über den Verlust der eigenen Freiheit mochte ihm den entbrannten socialen Kampf als einen Rachekrieg gegen das übermüthige Römerthum überhaupt erscheinen lassen. Ihm allein ist wohl die Planmässigkeit und Sicherheit, welche in dem Verlaufe der folgenden Ereignisse zu Tage tritt, zuzuschreiben. In drei Tagen hatte er mehr als 6000 Sklaven aus Enna, so gut es gehen wollte, kriegerisch ausgerüstet. Bald schlossen sich die Weidedistrikte an. Es war eine bunte Schaar, die sicher einige tausend römische Legionare in Kurzem zu Paaren getrieben haben würden. Aexte, Sicheln, Schlachtmesser, im Feuer gehärtete Spitzpfähle mussten zur Wehre dienen; die Schleuder wurde in den Händen der auf dieselbe eingeübten Hirten zu einem furchtbaren Geschoss. Römische Truppen standen auf Sicilien nicht und bis die Milizen aus den Städten zusammenkamen, hatten die Empörer Zeit, die Schrecken des Aufruhrs weithin im Umkreise zu verbreiten. Ueberall wurden die Sklavenhalter gemordet, die Arbeitshäuser erbrochen, den Gefesselten die Bande gelöst. Selbst in die fruchtbaren, durch sorgfältige Waizen-, Wein- und Oelcultur blühenden Gebiete des Ostens schweiften die verwüstenden Schaaren. Eine rührende Geschichte, welche in einem in diese Zeit gehörenden Bruchstücke des Diodor erhalten ist, würde das Treiben dieser Horden veranschaulichen, wenn es ganz sicher zu stellen wäre, an welchem Punkte der Ereignisse sie einzureihen ist [1]). Gorgos, mit

---

[1]) Diod. fr 11. Der Ausdruck δραπέται gestattet nicht, an eine frühere Zeit zu denken. Siefert a. a. O. S. 34 A. 49 scheint die Geschichte etwas später anzusetzen und zieht aus ihr mit Unrecht den Schluss auf eine Eroberung von Morgantion.

dem Beinamen Kambalos, ein durch seinen Reichthum und Edelmuth bekannter Bürger von Morgantion im Gebiete des oberen Symüthos [1]), zog auf die Jagd aus und stiess auf eine Sklavenbande. Er floh die Strasse zur Stadt zurück und begegnete bald seinem Vater, der zu Pferde des Weges kam. Dieser stieg sofort ab und flehte den Sohn dringend an, aufzusitzen und sein Leben zu retten. Der Sohn hinwieder den Vater, und während sie so in dem Wettstreite kindlicher Liebe und väterlicher Zärtlichkeit sich erschöpften, erschienen die Aufrührer und erschlugen beide. Sonst hielt Achäos gute Mannszucht. Wo er Ausschreitungen bemerkte, tadelte er streng und erinnerte an die drohende Gefahr und an die nahe Rache der Römer. Und es war im Ganzen deutlich zu sehen, dass die Aufständischen begriffen hatten, dass man nicht für den einen Tag der Rache lebe. Sie schonten sorgfältig die Meierhöfe, das in denselben befindliche Inventar und die aufgespeicherten Vorräthe. Wer von den kleinen Bauern und Pächtern ruhig seiner Landwirthschaft nachgieng, blieb unbehelligt.

Anders das verkommene städtische Bettelproletariat, das die seitherige Wirthschaft geflissentlich grossgezogen hatte. Anfangs sahen diese Massen mit geheimer Freude der Unordnung zu. Als aber die eben so sehr gefürchteten als beneideten Reichen gestürzt waren, der Aufstand von Tag zu Tag wuchs und sie sahen, dass jetzt keine Köpfe mehr zu verlieren seien, zogen sie rottenweise aufs Land, plünderten die schutzlosen Bauernhöfe und legten sie in Asche. Gieng doch dies Alles mit auf die grosse Rechnung der Sklaven.

Als sich endlich die römische Provinzialregierung regte, erwiesen sich die für gewöhnliche Fälle berechneten Hülfsmittel der Prätoren als durchaus unzulänglich. Zwar war der Heerd des Aufstandes bis dahin auf einen nicht sehr grossen Theil der Insel beschränkt geblieben; aber überall in den

---

[1]) Ueber die Lage von Morg. Mannert, Geogr. IX, 2, S. 430 und die Kiepertschen Karten; über den dortigen Weinbau Cato de r. r. 6. Colum. III, 2.

Städten und Plantagenbezirken war die Sklavenschaft schwierig und entlief in Masse. Achäos hatte mit eiserner Energie und Geduld die Bewaffung unnd Einübung des täglich wachsenden Revolutionsheeres betrieben. Jetzt konnte er über 10000 bewaffnete Männer ins Feld stellen, eine erdrückende Uebermacht gegenüber dem rasch zusammengerafften sicilischen Aufgebot. Wiederholt trat er den Prätoren in offener Feldschlacht entgegen und brachte ihnen empfindliche Niederlagen bei. Leider fehlt es uns bei dem trümmerhaften Zustande unserer Quellen an näheren Angaben sowohl über Zeit und Ort dieser Kämpfe, als auch über die damalige räumliche Ausdehnung des Syrerstaates. Wir werden aber schwerlich weit fehlgehen, wenn wir annehmen, dass die erzählten Ereignisse zwischen die Jahre 143 und 140 v. Chr. fallen [1]) und dass für diese ersten Jahre das Reich des Eunus sich vorwiegend über die Gegenden um und nördlich von Enna, sowie im Osten über das Gebiet des oberen Symäthos und seiner Zuflüsse erstreckte. Zu den damaligen Prätoren gehörte wahrscheinlich P. Popilius Laenas, Consul 132 und als solcher Vorsitzender des Blutgerichtes gegen die Anhänger des Ti. Gracchus [2]), der Gründer vom Forum Popilii in Lukanien, dem heutigen Polla. In einer dort noch vorhandenen Inschrift rühmt er unter anderen Verdiensten um den römischen Staat, dass er als Prätor in Sicilien Jagd auf entlaufene Sklaven der Italiker gemacht und nicht weniger als 917 Menschen aufgegriffen und ihren Herren zurückgestellt habe [3]). So wusste die römische Aristokratie ihre Unfähigkeit hinter dem Scheine der Milde zu verbergen und ihre Niederlagen durch hochtönende Zahlen zu maskieren, welche doch, bei Lichte besehen, nur ihre

---

[1]) Die Rechtfertigung dieser Ansätze, sowie der ganzen Darstellung ist in dem Excurs über die Chronologie nachzulesen.

[2]) Mommsen, R. G. II, 92. 116. 129.

[3]) C. I. L. n. 551 Z. 9: eidem praetor in Sicilia fugiteiuos Italicorum conquaeisivei redideique homines DCCCCXVII. Die Rechtfertigung meiner Ansetzung der Prätur des Pop. in diese Zeit findet sich in dem Exc. üb. d. Chronol.

schmähliche Gewissenlosigkeit und die ganze Zerrüttung der
Dinge auch in den noch verhältnissmässig ruhigen Distrikten
zeigen mussten.

Die überraschenden Erfolge des Achäos und die in Folge
derselben durch die Sklavenschaft der ganzen Insel gehende un-
ruhige Gährung hatte unterdessen im Süden einen zweiten
selbständigen Aufstand zu Wege gebracht. Hier, wo zwischen
den langen Höhenrücken, welche die inneren Hochebenen ab-
schliessen, reissende Gebirgswasser einem hafenlosen Meere
zueilen, war seit Alters in den tiefen feuchten Thaltriften das
gelobte Land der sicilischen Rosszucht [1]). Die ganze Südküste
war damals öde und menschenleer; die früheren Stätten hellenischer Kultur, das rhodische Gela und das megarische
Selinus lagen längst in Trümmern. Nur Akragas, dessen un-
vergleichlich feste see- und landbeherschende Lage in den
punischen Kriegen von den Römern erkannt und durch Er-
gänzung der stark gelichteten Bevölkerung mittels den Alt-
bürgern gleichgestellter Kolonisten gewürdigt worden war[2]),
fristete zwischen den Trümmern alter Herlichkeit ein ihm
künstlich eingehauchtes und erhaltenes Leben. Als die Stadt
noch reich und mächtig gewesen war, hatte sie schon unzählige
Sklaven gehalten; nach der Schlacht am Himera (480) besass mancher Bürger deren 500[3]). Damals muss es auch gewesen sein, dass der Akragantiner Polias, als er einen grau-

---

[1]) Dieselbe vielfach durch Münzen bezeugt: D'Orville, Sicula p. 289.
Vgl. Strabo VI p. 273: Cic. Verr. II, I, 28 und Magerstedt, Bilder aus d.
röm. Landwirthschaft III S. 71 f. Ueber die Pferde von Akragas Verg.
Aen. III, 703 f. Sil. Ital. XIV, 209 ; Plin. N. H. VIII, 64 (42): Agrigenti
complurium equorum tumuli pyramidas habent, wozu D'Orville S. 95.

[2]) Cic. Verr. II, 123: cum Agrigentinorum duo genera sint, unum
ueterum alterum colonorum, quos T. Manlius praetor ex. s. c. de *oppidis
Siculorum* deduxit Agrigentum. Mommsen, R. G. II, 4 (vgl. I, 631) bezeichnet Agr. als latinische Kolonie; Cic. Verr. IV, 93: cives Romani per-
multi in illo oppido coniunctissimo animo cum ipsis Agrigentinis vivunt
ac negotiantur deutet doch nur auf einen, bei der Stellung des Platzes na-
türlichen starken Verkehr römischer Geschäftsleute.

[3]) Vgl. Siefert a. a. O. S. 38.

samen Sklavenhalter von auswärts, der seinen Arbeitern selbst
bei Nacht nicht Ruhe gönnte, zu Gaste hatte, nach Tische die zahlreichen Sklavenkinder seines Hauses zusammenrief und ihnen
Nüsse und trockene Feigen vertheilte [1]). Jetzt wo der römische
Spekulant und Wucherer sich hier breit machte und den armen
Einwohnern noch den letzten Denar auspresste, mochte man
solche partriarchalischen Bilder vergebens suchen. In der ganzen Umgegend, die für Brigantennester wie geschaffen ist
und trotz der Anstrengungen der jetzigen Regierung noch
immer an dem alten Uebel leidet, herschte dieselbe Unsicherheit, dasselbe wüste Treiben unter den Hirtensklaven. Kleon,
ein Kilikier aus den Taurosgegenden [2]), der in seiner Heimat
von Jugend auf das dort schwunghaft betriebene Räuberhandwerk kennen gelernt hatte, später aber, wahrscheinlich
auf einem nicht mehr ungewöhnlichen Wege durch kilikische
Korsaren nach Sicilien in die Sklaverei verkauft und hier zum
Pferdehirten umgewandelt worden war, hatte sich schon lange
als frecher Wegelagerer und Raubmörder in der ganzen Gegend bekannt und gefürchtet gemacht. Als er von den Fort-
schritten des Achäos und dem Glücke des Sklavenstaates unter
Eunus hörte, erhob auch er die Fahne des Aufruhrs. Der
Ruf seines Namens schaarte bald um ihn die gleichgesinnten
Genossen. Akragas und die ganze Umgegend fiel in seine
Hände [3]). Schon hoffte man allgemein, dass die Aufständischen

---

[1]) Stob. Floril LXII, 48.

[2]) Diod. fr. 2, 43: *ἐκ τῶν περὶ τὸν Ταῦρον τόπων.* Nach § 20 hiess sein
Bruder Komanos (Coma bei Valer. Max. IX, 12, 1 ext. ist offenbar ein Schreib-
fehler statt Comanus), woraus mit ziemlicher Sicherheit zu schliessen, dass
Komana die Vaterstadt der beiden Brüder war. Ob aber an die pamphylische
oder an die kappadokische Stadt dieses Namens zu denken sei, muss unentschieden gelassen werden. Letztere, inmitten des Antitauros am Saros
gelegen, war eine Hauptstätte des den syrischen Diensten verwandten Cultus
der Ma (Artemis Taurica) Strabo XII p. 535; man würde dann den Be-
weggrund für den raschen Anschluss Kleons an Eunus in religiöser Superstition zu suchen haben.

[3]) *κατέτρεχε τὴν πόλιν τῶν Ἀκραγαντίνων καὶ τὴν πλησιόχωραν
πᾶσαν* — doch wohl mit Mommsen von einer Besitznahme der Stadt zu
verstehen.

sich nach den Führern in zwei einander feindliche Parteien
sondern und sich gegenseitig bekämpfen und aufreiben würden, als unvermuthet Kleon sich mit seinen Anhängern, deren
Zahl 70000 betragen haben soll [1]), dem Kommando des Eunus
unterstellte. Die Thatsache ist um so auffallender, da Kleon
ein Führer von unbezweifelter Tüchtigkeit war und kann nur
aus der Annahme erklärt werden, dass das Prophetenthum des
Eunus, wie bei allen übrigen, so auch bei Kleon unbedingten
Glauben fand, vielleicht auch dass der Kilikier begriff, wie
nichts der gemeinsamen Sache mehr schaden müsse, als Uneinigkeit. Er behielt als Unterfeldherr im Dienste des Sklavenkönigs das Kommando über seine eigene Abtheilung von 5000
Kriegern. So umfasste das aufständische Gebiet schon einen
breiten Streifen, der sich von Norden nach Süden mitten durch
die Insel legte, geschützt durch zwei fast uneinnehmbare Boll-
werke, Enna und Akragas. Durch letzteres wurde zugleich
auch die Verbindung mit der See eröffnet.

Der kurz nach diesen Vorgängen aus Rom anlangende
neue Prätor L. Plautius Hypsäus [2]) fand demnach die Provinz
in einer äusserst schwierigen Lage. Mit 8000 Mann unwillig
ausrückender sicilischer Bürgertruppen sollte er dem bis auf
die Zahl von 20000 Streitern angewachsenen, von Hass und
Fanatismus beseelten Heere des Königs Antiochos gegenübertreten. Er wurde vollständig geschlagen. Die Zahl der Aufständischen wuchs noch täglich; bald betrug sie gegen 200000
Leute. Noch immer glaubte man in Rom, wo man damals
nicht einmal sich die geringe Anstrengung zur Niederschlagung
des zur Schande des römischen Namens ins Endlose fortdauernden spanischen Kleinkrieges zuzumuthen wagte, durch
die Prätoren des Aufstandes Herr werden zu können. Allein

---

[1]) Liv. per. LVI. Ueber diese und die folgenden Zahlenangaben s. d.
Exc. üb. d. Chronologie.

[2]) Haakh in Paulys R.-E. V. S. 1724 hält diesen Hypsäus für „wahrscheinlich identisch mit M. Plautius Hypsäus, Amtsgenossen des M. Fulvius
Flaccus im Consulate 629 d. St., 125 v. Chr. — eine unhaltbare Vermuthung,
da Diod. 2, 18 den Vornamen Lucius nennt.

5

einer nach dem anderen kehrte mit betrogenen Hoffnungen
zurück, berichtend, dass wieder eine Truppenabtheilung niedergemetzelt, ein Lager genommen, eine wichtige Stadt erobert,
eine Gebietsstrecke verloren worden sei. Genannt werden ein
Manlius, Lentulus, Piso, schwerlich die einzigen, welche auf
dem unfruchtbaren Boden keine Lorbern geerntet hatten.
Wurde auch einmal ein kleiner Erfolg errungen, im nächsten
Augenblicke raffte sich der Aufstand mit doppelter Wuth zusammen und drang unaufhaltsam und grausam, wie alle
socialen Kriege, weiter. Gegen die gefangenen Feinde gab
es keine Barmherzigkeit; die Sklaven hieben ihnen die Hände
sammt den Armen ab, während die Römer sich mit den
ersteren zu begnügen pflegten. Seit die Karthager nicht mehr
zu fürchten waren, hatte die römische Regierung so wenig
an die Möglichkeit gedacht, dass die benachbarte Provinz,
deren reiche Hülfsquellen man bequem auszuschöpfen gewohnt war, der Schauplatz eines Krieges werden könne, dass
auch nicht die gewöhnlichsten Vorkehrungen für die Sicherung des Landes getroffen waren. Die Mauern der Städte
waren verfallen und bei der Zerrüttung der Mannszucht in
den römischen Heeren dieser Zeit bedurften die Sklaven nicht
erst der übernatürlichen Weisheit des Eunus [1]), um sich sagen
zu können, dass ihnen eine nach der anderen zufallen müsse.
Mit schneidendem Hohne rief der Sklavenkönig, als er an
der Spitze seiner siegreichen Schaaren vor einem der letzten
von den Römern noch besetzten Plätze stand, den Eingeschlossenen zu, nicht sie, die Aufständischen, seien Ausreisser
(so pflegten sie ihre Feinde zu nennen), sondern jene; denn
sie liefen vor den Gefahren davon. Schwelgend in der Freude
ihres Erfolges und in dem Bewusstsein der Ohnmacht ihrer
Feinde und früheren Peiniger, führten die Befreiten vor den
Augen der Belagerten die Geschichte ihrer Leiden und ihrer

---

[1]) Diod. fr. 2, 45: ὅτι ὑπῆρχεν οὐ διοσημίας δεόμενον τὸ συλλο-
γίσασθαι τῆς πόλεως τὸ εὐάλωτον κτλ. § 46 scheint sich auf dieselbe
Belagerung zu beziehen. Im Uebrigen vgl. d. Exc. üb. d. Chronologie.

Erhebung in mimischen Darstellungen auf, wie sie in dem Heimatlande des Sophron ein weitverbreitetes Verständniss genossen [1]). Es war mehr, als ein bitterer Tropfen, in den Leidenskelch der Belagerung gegossen, wenn hier übersatter Reichthum, freche Zügellosigkeit, frevelhafte Gewaltthätigkeit als Ursache des Verderbens der Herren erschienen: es war eine handgreifliche Belehrung für die unfreiwilligen Zuschauer, unfruchtbar freilich, wie jede Lehre, welche dann gegeben wird, wenn man sie am wenigsten wünscht.

Fast neun Jahre hatten sich so die römischen Heere mit den Schaaren des Propheten von Enna herumgeschlagen, ohne einen Fussbreit Landes widergewinnen zu können; ja Eunus war zuletzt fast Herr der ganzen Insel geworden [2]). Die wichtigen Städte der Ostküste waren ihm theils durch Eroberung, theils durch Anschluss der Sklaven in denselben zugefallen. Tauromenion, Katana [3]), wahrscheinlich selbst Syrakus [4]), die

---

[1]) Dass dieselben auch in Syrien üblich, zeigt Diod. XXXIV. fr. 34.

[2]) Am deutlichsten beweisen die Bedeutung des Aufstandes Diodor's Worte fr. 2 §. 25 : οὐδέποτε στάσις ἐγένετο τηλικαύτη δούλων, ἥλικη συνέστη ἐν τῇ Σικελίᾳ, δι' ἥν πολλαὶ μὲν πόλεις δειναῖς περιέπεσον συμφοραῖς, ἀναρίθμητοι δὲ ἄνδρες καὶ γυναῖκες μετὰ τέκνων ἐπειράθησαν τῶν μεγίστων ἀτυχημάτων, πᾶσα δὲ ἡ νῆσος ἐκινδύνευσε πεσεῖν εἰς ἐξουσίαν δραπετῶν.

[3]) Strabo VI p. 272 Ueber Tauromenion auch Diod. fr. 2, 20. Oros. V, 9.

[4]) Diod. fr. 9: τοῖς καταφαγοῦσι τοὺς ἱερωμένους ἰχθῦς οὐκ ἦν παῦλα τῶν κακῶν· τὸ γάρ δαιμόνιον ὥσπερ ἐπίτηδες εἰς παραδειγματισμὸν τοῖς ἄλλοις ἅπαντας τοὺς ἀπονενοημένους περιεῖδεν ἀβοηθήτους. οὗτοι μὲν οὖν ἀκολούθως τῇ παρὰ θεῶν κολάσει καὶ τῆς διὰ τῆς ἱστορίας βλασφημίας τετευχότες ἀπέλαυσαν τῆς δικαίας ἐπιτιμήσεως. Das Bruchstück gehört hierher schon wegen der in seiner Nachbarschaft stehenden frgm. der Exc. Vatic., welche sämmtlich auf den Sklavenkrieg Bezug haben. Bei den „heiligen Fischen" kann nur an die der Arethusa auf Orthygia gedacht werden, von welchen Diod. V, 3 Folgendes erzählt: ταύτην (τὴν Ἀρέθουσαν) οὐ μόνον κατὰ τοὺς ἀρχαίους χρόνους ἔχειν μεγάλους καὶ πολλοὺς ἰχθῦς, ἀλλὰ καὶ κατὰ τὴν ἡμετέραν ἡλικίαν συμβαίνει διαμένειν τούτους, ἱερούς ὄντας καὶ ἀδίκτους ἀνθρώποις. ἐξ ὧν πολλάκις τινῶν κατὰ τὰς πολεμικὰς περιστάσεις φαγόντων, παραδόξως ἐπεσήμηνε τὸ θεῖον καὶ μεγάλαις συμφοραῖς περιέβαλετο τοὺς τολμήσαντας προς-

ständige Residenz des römischen Statthalters, gehörten dem Sklavenkönigreiche an; zuletzt wurde auch Messana gewonnen, wo die Sklaven in Folge einer ausnahmsweise milden Behandlung bislang nicht gewankt hatten — dies offenbar, sowohl wegen der durch die Citadelle und die Befestigungen auf den Neptunischen Bergen ungemein geschützten Lage, als auch wegen ihrer Stellung als latinische Stadt und nächster bedeutender Hafen der Italiker, eine der letzten und wichtigsten Eroberungen [1]).

Die Vorgänge in Sicilien hatten nicht verfehlt, ihren Rück-

ἐνέγκασϑαι· περὶ ὧν ἀκριβῶς ἀναγράψομεν ἐν τοῖς οἰκείοις χρόνοις. Dass beide Stellen zu einander in Beziehung stehen, leuchtet von selbst ein. Die Verwirklichung von Diodors Versprechen (ἀναγράψομεν) finden wir nirgends in den erhaltenen Theilen seines Werkes. Wesseling z. d. St. verweist auf XIV, 63. 71; allein die dort geschilderte Pest im karthagischen Heere wird ausdrücklich als eine Folge der ungesunden Lage des Ortes bezeichnet (c. 70 extr.), daneben freilich auch auf die Möglichkeit göttlicher Strafe wegen Zerstörung des Tempels der Demeter und Kore hingedeutet. Bei unserem frgm. ist nun offenbar an eine Belagerung von Syrakus zu denken. Die Eingeschlossenen greifen in der höchsten Noth zu den heiligen Fischen, desshalb bleibt ihre Hoffnung auf Entsatz unerfüllt; die Stadt wird demnach erobert. Es bleibt fraglich, ob die Belagerten Römer oder Sklaven gewesen sind; jedenfalls ändert dies nichts an dem nothwendig daraus zu ziehenden Schlusse, dass Syrakus eine Zeit lang in den Händen der Aufständigen sich befand.

[1]) Oros. V, 6: Nam LXX milia servorum tum in arma conspirantium fuisse referuntur, excepta urbe Messana, quae servos liberaliter habitos in pace continuit; dagegen c. 9: Piso consul Mamertium oppidum expugnavit, ubi octo milia servorum interfecit, quos autem capere potuit, patibulo suffixit. Die Vermuthung von Siefert A. 56, „dass es zur Einnahme durch die Sklaven nicht gekommen ist, dass also Piso die Stadt nur entsetzte", widerspricht dem klaren Wortlaute. — Mamertium (dieses lag in Lukanien Strabo VI p. 261) heisst Messana sonst nirgends, obgleich die Bürger den Namen Mamertini beibehielten (Strabo VI p. 268. Cic. Verr. II, 5, 18: Civitas Mamertina u. ö); desshalb ist wohl bei Oros. „Mamertinorum oppidum" zu lesen. Dass die Stadt den italischen Bundesgenossen gleichgeachtet, Mommsen, R. G. I, 518 nach Cic. Verr. V, 19, 50, vgl. Plin. N. H. III, 8 (14). Die milde Behandlung der dortigen Sklaven erklärt sich wohl aus dem Vorherschen der Kleinwirthschaft in dem fruchtbaren Weinlande (Strabo a. a. O. Plin. XIV, 6, 81); etwas anders Mommsen II, 78.

schlag auf Italien auszuüben. Leider fliessen die Quellen über
die dortigen Bewegungen sehr spärlich; doch soviel deuten
auch sie an, dass die Aufständischen nach vielen Tausenden
gezählt haben[1]. Besonders heftig scheinen die Empörungen
in den beiden wichtigen Seefestungen im Südwestwinkel von
Latium gewesen zu sein. Die Consuln der Jahre 143 und 141,
Q. Cæcilius Metellus und Cn. Servilius Cæpio mussten zur
Unterdrückung derselben ausrücken: in Minturnä wurden 450
Sklaven ans Kreuz geschlagen, in Sinuessa gegen 4000 überwältigt. Selbst in Rom kam eine Verschwörung zu Tage; 150
Schuldige wurden bestraft[2]. In den Weidedistrikten Unter-
italiens scheint, wie vor vierzig Jahren (S. 31), die Unsicherheit wieder gross gewesen zu sein. Sehr bezeichnend ist auch
hier das Verhalten der römischen Nobilität. Die unfreien Arbeiter einer Kapitalistengesellschaft, welche von den Censoren
des Jahres 142 die einträglichen Pechsiedereien im Silawalde[3]
gepachtet hatte, waren beschuldigt, in Verbindung mit ihren
freien Aufsehern einen grossen Raubmord begangen zu haben.
Der Fall hatte Aufsehen erregt, und da die Getödteten bekannte und angesehene Personen gewesen waren, so liess er
sich nicht todtschweigen. Desshalb beauftragte der Senat die
Consuln des Jahres 138 mit einer Untersuchung desselben.
Die Publicanen wurden selbst vor Gericht gezogen; ihre Sache
stand sehr schlimm, trotzdem sie einen so vortrefflichen Ver-
theidiger gestellt hatten, wie C. Lælius, der selbst die socialen
Schäden recht gut einsah, aber zu schwach war, dem Egoismus seiner Parteigenossen die Spitze zu bieten[4]. Nachdem
dieser eine zweimalige Vertagung des Urtheilsspruches nur

---

[1] Jul. Obsequ. 86 : Fugitivorum bellum in Sicilia exortum, coniuratione
servorum Italia oppressa, und später: in Italia multa milia servorum, quæ
coniuraverant, ægre comprehensa et supplicio consumpta. Näheres Oros. V,
9, worüber d. Exc. üb. d. Chronologie z vgl.

[2] Diod. fr. 2 §. 19.

[3] Ueber diese vgl. Dion. Hal. frgm. Ambr. XX, 5 f. Strabo VI p.
261. Colum. XII, 18. Plin. N. H. XIV, 20, 25. XVI, 11, 22. XXIV, 7, 23;
üb. d. Process Cic. Brut. c. 22.

[4] Plut. Ti. Gracch. 8.

mit Mühe durchgesetzt hatte, gewannen auf seinen Rath die Angeklagten für die Schlussverhandlung den berüchtigten Rabulisten Ser. Sulpicius Galba [1]), dem es natürlich auch gelang, ihre Freisprechung zu erwirken.

Im Ganzen mag die Staatsgewalt den italischen Aufständen, bei denen der persönliche Vortheil der herschenden Klasse am unmittelbarsten in Frage kam, rasch und energisch entgegengetreten sein. Für das Jahr 134 schien man endlich auch in Sicilien, wie in dem von einem gleich schmählichen Kriege heimgesuchten Spanien, Ernst machen zu wollen. Der eine der neuen Consuln, P. Cornelius Scipio Aemilianus, wurde nach Numantia gesandt, der andere, C. Fulvius Flaccus, nach Siçilien [2]). Es ist möglich, dass die Nothwendigkeit, dem letzteren ein starkes Heer beizugeben, den Senat veranlasste, dem Scipio eine neue Aushebung zu verweigern [3]). Bezeichnend für die herschenden Zustände ist der bei dieser Gelegenheit geltend gemachte Grund, man dürfe Italien nicht noch menschenarmer machen, worin man vielleicht eine Hindeutung darauf erkennen darf, dass von der Sklavenschaft noch immer ernste Gefahren befürchtet wurden. Flaccus hatte keine leichte Aufgabe. Wie weit die römischen Heere dieser Zeit heruntergekommen waren, zeigen, von frühern Fällen abgesehen [4]), die Zustände, welche Scipio bei der spanischen Armee antraf [5]). Da herschten Raub und Beutegier bei Befehlshabern und Ge-

---

[1]) Nachweisungen über ihn in Baiters Index zu Cicero.

[2]) Liv. per. LVI. Oros. V, 9. Auf dieses und das folgende Jahr deutet wohl Diod. fr. 2, 20, vielleicht auch Oros. V, 6: consules quoque terruerit und Jul. Obsequ. 1 l. in Sicilia fugitivi Romanos exercitus necaverunt.

[3]) App. Hisp. 84. Plut. reg. et imp. apophthegm. Scipion. XV: ὡς ἐρήμου τῆς Ἰταλίας ἐσομένης, wozu als Erläuterung Plut. Ti. Gracch. 8: ἐξωσθέντες οἱ πένητες οὔτε ταῖς στρατείαις ἔτι προθύμους παρεῖχον ἑαυτούς, ἠμέλουν τε παίδων ἀνατροφῆς, ὡς ταχὺ τὴν Ἰταλίαν ἅπασαν ὀλιγανδρίας ἐλευθέρων αἰσθέσθαι, δεσμωτηρίων δὲ βαρβαρικῶν ἐμπεπλῆσθαι, δι᾽ ὧν εἰργούργουν οἱ πλούσιοι τὰ χωρία τοὺς πολίτας ἐξελάσαντες.

[4]) Im Kriege gegen Antiochus Liv. XXXVIII, 27. XXXIX, 1, gegen Perseus Plut. Aem. Paul. 13. Liv. XXXXIV, 84, im dritten punischen Kriege App. Pun. 115.

[5]) App. Hisp. 85. Liv. per. LVII. Plut. reg. et imp. apophth. Scip. XVI.

meinen, Scheu vor Strapazen, Widersetzlichkeit gegen die
Oberen, üppiges Lagerleben der vornehmen Jugend in Verbindung mit den unvermeidlichen Lieferanten und Spekulanten aus dem Ritterstande. Zelte mit Betten und jeder dem anspruchsvollen Geschlechte wünschenswerthen Bequemlichkeit
waren nichts Seltenes, Wagen und Maulthiere daneben, um
die massenhafte Bagage zu tragen, oft den des Marsches ungewohnten Herrn. Wer mochte sich auf der Streu unter freiem
Himmel erkälten, oder dem verwöhnten Magen die rauhe Soldatenkost zumuthen? Unabsehbar war der Tross von Dirnen,
Wahrsagern und sonstigen frommen Schwindlern. „Was ist
von einem Soldaten zu erwarten, der nicht einmal marschieren
kann?" hatte Scipio beim Anblick dieser Verhältnisse ausgerufen, und dasselbe mochte Flaccus denken, als er seine ersten
Operationen machte auf einem Terrain, das an die körperliche
Kraft und Gewandtheit der Soldaten so ausserordentliche Ansprüche stellte. Bis in die neueste Zeit kannte das innere Sicilien keine anderen Verbindungswege, als schwer gangbare und
noch schwerer zu findende Saumpfade für Esel und Maulthiere,
und hier genossen die abgehärteten Hirtensklaven alle Vortheile genauer Ortskenntniss. Flaccus scheint nicht einmal
eine grössere Unternehmung gewagt zu haben; jedenfalls aber
fügte er den alten nur neue Niederlagen hinzu.

In das folgende Jahr (133) fällt die tribunicische Thätigkeit des Ti. Gracchus. Es ist ein bedeutsamer Fingerzeig,
wenn uns aus dem Munde seines genialen Bruders erzählt
. wird[1]), dass ihm der Anblick der grossen Schaaren barbarischer Sklaven, welche in Etrurien den Acker· bebauten und
die Heerden weideten, zuerst den Reformgedanken eingegeben
habe. Ja, der zuverlässigste Bericht über diese Bewegung[2])

---

[1]) Plut. Ti. Gracch. 8.
[2]) App. B. C I, 9: ἐπὶ τῷ δουλικῷ δυσχεράνας ὡς ἀστρατεύτῳ
καὶ οὔποτε ἐς δεσπότας πιστῷ, τὸ ἔναγχος ἐπήνεγκεν ἐν Σικελίᾳ δεσποτῶν πάθος ὑπὸ θεραπόντων γερόμενον, ηὐξημένων κἀκείνων ἀπὸ
γεωργίας, καὶ τὸν ἐπ' αὐτοὺς Ῥωμαίων πόλεμον οὐ ῥᾴδιον οὐδὲ βραχύν,
ἀλλ' ἔς τε μῆκος χρόνου καὶ τροπὰς κινδύνων ποικίλας ἐκτραπέντα.

sagt ausdrücklich, dass Tiberius in seinen Reden darauf hin-
gewiesen habe, wie der furchtbare, mit so vielen Gefahren
und Niederlagen verknüpfte Krieg in Sicilien eine nothwendige Folge des verderblichen Systems sei. Erstaunlich schwach
waren den schreienden Thatsachen gegenüber, die Gracchus
mit so viel Feuer und Beredsamkeit von der Rednerbühne
zu schildern verstand, die formellen Rechtsgründe der Nobilität. Das scheint einer ihrer angesehensten Führer, L. Calpurnius Piso, deutlich empfunden zu haben, der später mit
einem auch heute noch geläufigen Kunstgriffe vor den Augen
des C. Gracchus das Gespenst des krassen Communismus
heraufbeschwor. „Ich wünsche nicht," sagte er mit kaustischem
Witze, „dass es Dir beliebte, mein Vermögen zu vertheilen;
solltest Du es aber doch thun, so werde auch ich mein Theil
verlangen [1]." Und gerade dieser Mann wurde für das Jahr
133 zum Consul gewählt und mit der Führung des Krieges
gegen die unfreien Proletarier in Sicilien beauftragt. Damals
hatte Piso schon eine reiche, aber tadellose staatsmännische
Vergangenheit hinter sich. Er war trotz seiner ausgesproche-
nen Parteistellung von scharfkantiger Selbständigkeit der politischen Ueberzeugung, seinen Standesgenossen überall ein
lästiger Eiferer, wo es sich um schnöde Habsucht oder schlei-
chende Sittenverderbniss handelte. Wie der alte Cato, den er
in vielen Stücken abgelöst zu haben schien, schrieb er eine
vaterländische Chronik, trocken und verständig mit einem starken Hiebe von aufgeklärtem Euhemerismus. Unbestechliche
Rechtschaffenheit hatte ihm den Beinamen Frugi eingetragen; .
er hatte sie bewiesen, als er während seiner Prätur in Sicilien,
deren Zeit sich nicht bestimmen lässt, das Getreide unter dem
vom Senate normierten Preise gekauft und den Ueberschuss
an die Staatskasse zurückgeliefert hatte [2]. Jedenfalls hätte

---

[1] Cic. Tuscul. III, 20, 48.

[2] Cic. Verr. III, 84, 195. Die Analogie mit Verres, welche Cic. hier
annimmt, beweist, dass Drumann, R. G. II, 82 (dort u. Teuffel, R. Lit.
§. 128, 4. Baiter im Ind. z. Cic. weitere Nachw. üb. d. Mann) die Thatsache
mit Unrecht auf das Jahr 133 beziehen will. Damals war es schwerlich

man unter den obwaltenden Verhältnissen keinen besseren Mann
für den schwierigen Feldherrnposten finden können. Seine Thätigkeit ist zwar im Einzelnen wenig bekannt, aber man sieht
deutlich, dass er überall planmässig und energisch zu Werke
gieng. Zunächst suchte er die Verbindung zwischen Italien
und der Insel wieder zu sichern. Er belagerte Messana und
erstürmte es nach hartem Kampfe. 8000 Sklaven fielen; die
Gefangenen wurden sämmtlich ans Kreuz geschlagen. Dann
scheint er, die Städte an der Ostküste ruhig den Händen der
Aufständischen überlassend, gerades Weges gegen die Residenz
des Sklavenkönigs vorgegangen zu sein. Bei dem gefährlichen
Vordringen in das Innere der Insel war die strengste Vor-
sicht und Mannszucht nöthig. Eine Reiterabtheilung unter C.
Titius wurde von den Empörern umzingelt, zur Auslieferung
der Waffen genöthigt und unter das Joch geschickt. Zur Strafe
liess Piso den feigen Offizier in verstümmelter Toga und un-
gegürtetem Unterkleide, mit nackten Füssen täglich, so oft
die Wachen aufzogen, vor dem Feldherrnzelte stehen; ausserdem verbot er ihm den Verkehr mit anderen und den Ge-
brauch der Bäder. Die feldflüchtige Schwadron wurde des
Pferdes beraubt und unter die Schleudercompagnieen eingestellt[1]).
Mit der Disciplin kehrte auch das Glück der Waffen wieder
zurück. Der Consul hatte die Freude, die Tapfersten mit Ge-
schenken belohnen zu können. Seinem eigenen Sohne, der sich
besonders ausgezeichnet hatte, erkannte er zwar auch einen
drei Pfund schweren goldenen Kranz zu, wollte aber in seltener Uneigennützigkeit ihm denselben nicht sogleich aus Staats-
mitteln gereicht wissen, sondern versprach, ihm den Werth
in seinem Testamente besonders zu Gute kommen zu lassen,
damit er die Ehre öffentlich von dem Feldherrn, die Beloh-
nung daheim von dem Vater empfange[2]). Zuletzt gelang es
ihm, Enna einzuschliessen. Noch heute werden an der steilen

---

möglich, auf der Insel Getreide zu bekommen. Es ist nicht unwahrscheinlich,
dass der Prätor bei Flor. III, 19 (oben S. 66) mit unserem Piso identisch ist.

[1]) Valer. Max. II, 7, 9. Frontin. Strat IV, 1, 26.
[2]) Valer. Max. IV, 3, 10.

Nordseite des Stadtfelsens jene spitzen Schleuderkugeln gefunden, welche die Römer zwar schon lange bei Belagerungen
verwendeten, die aber in den Sklavenkriegen eine besonders
bedeutungsvolle Rolle gespielt zu haben scheinen[1]). Sie sind
mit dem Namen des Consuls L. Piso bezeichnet und die Häufigkeit ihres Vorkommens bezeugt genugsam die Heftigkeit
dieser Belagerung, von welcher die Geschichtschreiber schweigen. Freilich blieb sie bei der Festigkeit des Ortes ohne allen
Erfolg; ja die Sklaven scheinen selbst wieder die Offensive
ergriffen und die Römer nach der Ostküste zurückgedrängt
zu haben.

Wenigstens musste Pisos Nachfolger hier wieder die
Kriegsarbeit des Jahres 132 beginnen. P. Rupilius war, obgleich er vom Standpunkte der Nobilität nicht eigentlich als regierungsfähig gelten konnte, auf die Empfehlung des Scipio,
mit welchem er genau befreundet war, zum Consulate gelangt[2]). Er hatte früher in ärmlichen Verhältnissen die Geschäfte einer Kapitalistengesellschaft auf Sicilien geführt und
hier grosses Vermögen wie eine genaue Kenntniss der örtlichen Verhältnisse gewonnen[3]). Da er mit Popilius Länas
die Verfolgung der Gracchaner zu leiten hatte[4]), so kann er
nicht sofort nach seinem Amtsantritte das Kommando in Sicilien übernommen haben. Auch er hatte, wie sein Vorgänger,
mit der Unzuverlässigkeit der Truppen seine schwere Noth.
Den eigenen Schwiegersohn, Q. Fabius, durch dessen Schuld
die Burg von Tauromenion, welches demnach schon unter Piso
wiedergewonnen sein musste, nochmals in die Hände der Aufständischen gefallen war, entfernte er aus seiner Stelle und

---

[1]) Ritschl, P. L. M. VIII, 1 = C. I. L. n. 642 sq. vgl. Nitzsch a. a.
O. S. 294. Aus dem zweiten sicilischen Aufstande: C. I. Gr. 5570. 5687.
5748, s. Th. mit dem Namen des Athenion. N. 5748 aus Leontini mit der
Aufschhrift APAMEO geht vielleicht auf den Apameer Eunus. C. I. L. n.
646 sq. stammen wohl aus dem Fechterkriege.

[2]) Cic. Lael. 20, 73. 19, 69. Vgl. Tusc. IV, 17, 40. Plin. N. H. VII, 36.

[3]) Valer. Max. VI, 9, 8. Pseudoascon. II. p. 212.

[4]) Cic. Lael. 11, 37. Valer. Max. IV, 7, 1. Vell. Pat. II, 7.

befahl ihm, die Insel zu meiden [1]). Er beschloss zunächst wieder diese Stadt zu berennen. Die Sklaven wehrten sich mit
verzweifeltem Muthe; Rupilius musste sich zuletzt mit einer
möglichst engen Einschliessung derselben begnügen. Der Hunger erreichte denn auch bald unter den Belagerten eine solche
Höhe, dass sie das Fleisch der Kinder und Frauen und zuletzt der eigenen Kampfgenossen nicht verschmähten. Unter
diesen Umständen verliess Komanos, der Bruder des Kleon,
flüchtig die Stadt, wurde aber von den Römern aufgefangen
und vor den Feldherrn geführt. Von diesem über die Streitkräfte und über die Absichten der Aufständischen befragt, er-
bat er sich einen Augenblick Bedenkzeit, verhüllte aber dann
sein Haupt und tödtete sich selbst mit unglaublicher Willens-
kraft durch Anhalten des Athems, mitten unter den Wächtern
und vor den Augen des Consuls [2]). Zuletzt gelang es dem Be-
lagerungsheere die Unterstadt zu nehmen. Die Sklaven hielten sich noch eine Zeit lang in der durch natürliche Festigkeit ausgezeichneten Burg, bis auch diese durch Verrath ihres
Kommandanten, des Syrers Sarapion, mit dem Reste der Besatzung in die Hände der Römer fiel. Die Gefangenen wurden auf's grausamste gemartert und in Abgründe gestürzt.
Rupilius rückte sodann vor Enna. Da von einem Sturme auf
den fast unangreifbaren Platz nur schwere Verluste zu be-
sorgen waren, so musste er auch hier durch enge Cernirung
und Hunger den Widerstand zu brechen suchen. Die Aufständischen wehrten sich freilich auch dann noch, wie Menschen, welchen nur die Wahl zwischen dem ehrlichen Tod im
Kampfe und dem elenden Sterben am Kreuze gelassen ist.

---

[1]) Valer. Max. II, 7, 3. Es wäre möglich, dass die (nur sehr kurz
berichtete) Geschichte sich während der Belagerung oder sogar nach der
Besetzung der Burg durch Rupilius ereignet hätte. — Ueber das Folgende vgl.
Diod. fr. 2, 20 sqq. Oros V, 9. Flor. III, 19.

[2]) Diod. fr. 2, 20. Valer. Max. IX, 12, 1 ext. Es hat keinen Sinn,
wenn der letztere die Geschichte nach Enna verlegt, dort konnte Rupilius
Aufschluss de viribus et conatibus fugitivorum von dem bei Tauromenion
gefangenen Manne weder erwarten noch bedürfen.

Als die Noth aufs höchste gestiegen war, machte Kleon mit einer kleinen Schaar der Tapfersten einen Ausfall und starb, von Wunden bedeckt, nach heldenmüthigem Kampfe. Der Tod des besten Führers (Achäos scheint schon vorher umgekommen zu sein) setzte die Eingeschlossenen in helle Verzweiflung. Es fanden sich Verräther, welche den Römern den letzten Stützpunkt in die Hände spielten. Ueber 20000 Sklaven waren allein bei den Belagerungen von Tauromenion und Enna umgekommen.

Dem Könige Antiochos, der zuletzt in seinem Glücke übermüthig geworden war und sich arger Schwelgerei ergeben hatte, war schon vorher der Muth gesunken. Als er das Unglück der Seinen sah, entfloh er mit seinen 1000 Leibwächtern aus der verlorenen Residenz. Es gelang ihnen, in den unzugänglichsten Theil des Gebirges zu entkommen. Aber bald entdeckte eine römische Streifschaar den Schlupfwinkel. Von allen Seiten umstellt und an dem Glücke ihrer Waffen wie an der Wunderkraft ihres Propheten verzweifelnd, tödteten sie sich gegenseitig. Nur Eunus suchte mit vier seiner nächsten Diener, dem Koch, dem Bäcker, dem Badewärter und dem Hofnarren in einer Höhle ein Versteck, wurde aber hier entdeckt und nach Morgantion in sicheren Gewahrsam gebracht. Er starb entweder hier oder zu Rom im Gefängnisse an jener elenden Krankheit, welche die Alten die Läusesucht nennen [1]).

Nach der Besitznahme von Enna und dem Falle des Syrerkönigs konnten die Sklaven an keinen ernstlichen Widerstand mehr denken. Rupilius liess durch fliegende Korps die ganze Insel durchstreifen, welche die noch übrigen Haufen der Aufständischen rasch zersprengten und entwaffneten. Grosse Schaaren wurden gefangen und kettenbelastet zusammengetrieben; die meisten starben durch das Kreuz.

Der sociale Krieg hatte die Insel schrecklicher zugerichtet, als selbst die langwierigen punischen Kämpfe. Der römische Senat sah sich desshalb zu einer Massregel genöthigt,

---

[1]) Diod. fr. 2, 23. Plut. Sull. 36.

welche sonst nur bei neueroberten Provinzen in Anwendung
gebracht zu werden pflegte. Er sandte eine Commission von
zehn Männern ab, welche unter Leitung des ortskundigen Rupilius die zerrütteten Verhältnisse einer für alle Folgezeit mass-
gebend gebliebenen Neuordnung unterzog, die sich aber wesentlich auf Bestimmungen über die Rechtspflege und Steuerver-
waltung beschränkt zu haben scheint. Man machte nicht einmal den Versuch, einer Wiederholung der furchtbaren Sklaven-
krisis durch Reformation der Besitz- und Erwerbsverhältnisse
vorzubeugen. Die Bürgerschaft von Heraklea Minoa erhielt
eine Vermehrung durch Zuführung von Kolonisten, wohl um
der Unsicherheit der menschenarmen Südküste durch einen
zweiten bedeutenderen Ort neben Akragas zu steuern; in Enna
finden wir später eine Besatzung von 600 Mann[1]). Die römische Geldmacht konnte die alte Wirthschaft von neuem beginnen; nach kaum dreissig Jahren stand man vor einem zweiten Sklavenaufstande. —

Wenn im Obigen nach Anleitung und unter möglichster
Ausnutzung der Quellen der erste sicilische Arbeiteraufstand
dargestellt worden ist, so geschah dies unter der Voraussetzung,
dass hier jede Einzelheit als Beitrag zur Naturgeschichte so-
cialer Krankheiten Beachtung verdient. Zur allseitigen Beleuch-
tung der Gestalt des syrischen Königs und Propheten scheint
es indessen noch einiger bescheidenen Worte zu bedürfen. Wir
müssen offenbar versuchen, die ungewöhnliche Erscheinung
aus den heimatlichen Verhältnissen, denen sie entwachsen ist,
zu erklären und zu verstehen. Seit der Niederlage von Magnesia erblich der Stern der Seleukiden. Eine Provinz nach
der anderen riss sich von dem trotz des hellenischen Firniss
zu innerer Einheit unfähigen Völkergemische los und ver-
tauschte den Stand der abhängigen Satrapie mit dem des selbständigen Königthums. Kappadokien, Armenien, Judäa, Par-

---

[1]) Cic. Verr. II, 50, 125. Diod. XXXVI fr. 4, 3 (Dind). Die Stellen
über das Rupilische Statut in Baiters Ind. z. Cic. vgl. Siefert a. a. O. S.
23. 39 f.

thien waren so neben einigen kleineren Gebieten zu eigenen
Reichen geworden. Hier und da zeigt sich in diesen Staaten
eine starke Reaktion gegen den Hellenismus und ein Wiederauf-
leben dem Anscheine nach längst vergessener nationaler Sitte und
Religion. Das syrische Reich gieng im Osten wenig mehr über
den Euphrat hinaus. Die inneren Wirren übersteigen alle Vorstellung. Ein Erbfolgestreit löste den anderen ab, ein Bürger-
krieg den andern. Nicht die letzte Rolle spielte in diesen end-
losen Kämpfen die volkreiche Vaterstadt des Eunus. Das ungemein fest auf einer halbinselartigen Erhebung zwischen dem
Orontes und einem See gelegene, von fruchtbaren Landschaf-
ten umgebene Apamea, war schon von Alexander zu einem
Hauptwaffenplatz ausersehen und mit einer Anzahl Veteranen
besetzt worden. Die Seleukiden hielten hier den grössten Theil
ihres Heeres in Garnison, hier war der Sitz der obersten Mi-
litärverwaltung nebst grossartiger Reit- und Fechtschulen, hier
die Arsenale und Kriegselephanten. Kurz vor dem Aufstande
in Enna hatte von dieser Militärstadt aus ein anderer Apameer,
Diodotos Tryphon, seine Laufbahn begonnen, welche ihn zuerst zum Reichsverweser für einen von ihm aufgestellten höchst
zweifelhaften Kronprätendenten machte und dann mit dem
königlichen Purpur bekleidete. Lässt sich auch ein Einfluss
jenes Glücksritters auf Eunus schwerlich behaupten, zeigt dieser
vielmehr in dem angenommenen Namen Antiochos, dass er
sich einen der vielen Throngründer aus königlichem Geblüte
als Vorbild gesetzt hatte, so ist das Beispiel von Diodotos um
so deutlicher im zweiten sicilischen Sklavenkriege erkennbar,
wo die Aufständischen ihren Führer, den König der neuer-
bauten Sklavenstadt Triokala geradezu Tryphon nennen [1]).
Um so unverkennbarer ragen dagegen die religiösen Vorstellungen der Heimat in die sicilischen Vorgänge herein. Man
darf sich die Schwierigkeiten, welche den Führer einer Sklaven-
bewegung erwarteten, ja nicht als gering vorstellen. An der
Uneinigkeit und Planlosigkeit, an dem Ungehorsam und der

---

[1]) Diod. XXXVI. fr. 7, 1 und dazu Wesseling.

Plünderungssucht der zusammengelaufenen Massen mit den verschiedensten Nationalitäten und Bildungsgraden ist das Genie eines Spartakus gescheitert. Dem Eunus verschaffte nur der Geruch der Heiligkeit und die vermeintliche Begnadigung durch Wunder und Orakel jene unbegrenzte Macht über die Gemüther, welche sie zwang, sich festen Formen kriegerischer Zucht und bürgerlicher Ordnung anzubequemen. Er erschien als durch die Nationalgöttin bestimmter Erlöser und Befreier. Dies Alles wäre undenkbar, wenn nicht die Syrer (und sie bildeten offenbar die grosse Masse der sicilischen Sklaven) in ihren religiösen Anschauungen die Vorbedingungen derartiger Einwirkung getragen hätten. Es mag hier unentschieden bleiben, inwieweit die messianischen Ideen der Juden in ihrer Durchsetzung mit der alten mosaischen Lehre als ein Product der Einmischung jungpersischer Lieblingsvorstellungen während der Gefangenschaft zu betrachten sind. Sosiosch, der persische Messias und Siegesheld, erscheint am Ende des Weltwinters, wo auf Erden Ahriman die Uebermacht hat und Bosheit der Menschen, Noth und Elend die weiteste Verbreitung finden, um im Namen Ahuramasdas Gericht zu halten. Er wird die Todten auferwecken und alle, die je gelebt, um sich versammeln. Die Guten wird er von den Bösen scheiden und die Verdammten einer furchtbaren dreitägigen Reinigung unterziehen, dann aber ein neues Reich auf einer neuen schöneren Erde gründen, in welchem die Menschheit ungetrübten Glücks in einerlei Sitte und Sprache ewig leben wird [1]). Es ist bekannt, wie die Juden zu Christi Zeit die Messiasidee auf ein dem gemeinen Verstande näher liegendes Gebiet, auf Erlösung von weltlicher Knechtschaft und leiblichem Elend übertrugen. Es wäre auffallend, wenn jene durch das vor kurzem aufgerichtete Partherreich neu belebten Lehren

---

[1]) Vgl. Kruger, Geschichte der Assyrier u. Iranier S. 435. E Kuhn, die Vorstellungen von Seele u. Geist in d. Gesch. d. Culturvölker. S. 14 f. Nur ungern wage ich mich auf dieses mir fremde Gebiet; Kundige finden vielleicht Besseres.

nicht auch bei dem mit dem Osten in regem Handelsverkehr stehenden Syrervolke Eingang gefunden und sich mit den heimischen Diensten vermischt hätten. Und wäre dann vielleicht der Prophet Eunus ein concreter Ausdruck derselben? Der mystische Kult der syrischen Göttin Atargatis [1]), welcher in ganz Vorderasien unzählige .fanatische Anhänger hatte und durch gaukelnde Bettelpriester bald überall im Westen Verbreitung fand, war unter dem Einflusse des Hellenismus mit den verschiedenartigsten griechischen Götterdiensten in Wechselwirkung getreten. Hera und Aphrodite, Artemis und Athene und manche andere griechische und vorderasiatische Göttin wurden mit ihr entweder identificiert oder doch in nahe Beziehung gesetzt. Es ist nicht unwahrscheinlich, dass sie von den syrischen Sklaven auf Sicilien in der durch punische Einflüsse ihr jedenfalls nahe gebrachten Demeter von Enna wiedergefunden wurde. Oben ist bereits (S. 59) gesagt, dass die dortigen Heiligthümer bei dem Aufstande Schonung erfuhren. Nach Beendigung des Krieges erschien in Sicilien eine römische Priestergesandtschaft, welche nach Andeutungen der sibyllinischen Bücher den Auftrag erhalten hatte, die älteste Ceres zu versöhnen und ihr Heiligthum (von der Befleckung durch orientalischen Aberglauben?) zu entsühnen [2]). Wie weit man auch in der Annahme solcher religiösen Einwirkungen gehen mag, jedenfalls ist nicht zu leugnen, dass sie als ein wichtiger Hebel dieser, wie einer Reihe späterer auf Befreiung von menschlicher Erniedrigung und menschlichem Elende abzielender Massenerhebungen betrachtet werden müssen. Von der Gütergemeinschaft der Pythagoräer bis auf

---

[1]) Vgl. Lucians Schriften de dea Syr. u. Lucius. Preller R. Myth. S. 744.

[2]) Cic. Verr. IV, 49, 108. Valer. Max I, 1, 1. Das Richtige über die Zeit hat schon Siefert A. 55 gesehen. Diod. l. l. fr. 10 zeigt, dass dieselbe Gesandtschaft ganz Sicilien durchreiste, überall an den Altären des ätnäischen Zeus opferte und dieselben durch Einzäunungen abschloss, mit der Weisung, dass hier ferner keine anderen Opfer gebracht werden dürften, als die altherkömmlichen. Dies scheint die oben vorgetragene Ansicht einiger Massen zu stützen.

Saint-Simon und Enfantin, ja bis auf noch weit neuere Zeit, zieht sich eine lange Kette von socialistischen und communistischen Erscheinungen, welche in engster Verknüpfung mit einem philosophischen Systeme oder einer religiösen Lehre stehen. Den schwäbischen und fränkischen Bauernaufständen zur Seite läuft das Gottesreich der Wiedertäufer, der gracchischen Agrarbewegung das syrische Prophetenkönigthum auf Sicilien; Jan Matthiesen und Johann von Leiden in Münster haben eine Familienähnlichkeit mit König Antiochos in Enna. „Wer den Geist spürt," sagt Thomas Münzer, dem der Herr eingegeben, alle Herschaft vom Throne zu stossen, „der empfängt Zeichen von Gott in Träumen und Gesichten", und Luther versichert von ihm: „Er ist nicht Pfarrer allein, er ist König und Kaiser von Mühlhausen." Und wenn nach der unglücklichen Schlacht bei Frankenhausen der thüringische Prophet sich mit elendem Kleinmuth in einem Bette verkroch, aus dem ihn ein sächsischer Soldat hervorzog, wie ein römischer den Eunus aus der sicilischen Berggrotte, so ist dies auch eine Parallele, und wahrlich eine lehrreiche. Wie der religiöse Socialismus der Wiedertäufer nicht eine örtlich und zeitlich vereinzelte Erscheinung ist, sondern das Glied einer grossen Kette, welche sich von den englischen Bewegungen im 14. über die Taboriten im 15. bis zu den Levellers im 17. Jahrhundert hinzieht[1]), so ist auch Eunus nicht der letzte seiner Art. Auch die Helden des zweiten sicilischen Sklavenaufstandes (104—99), der dem ersten bis ins Kleinste nachgebildet scheint, fussen auf dem Aberglauben der Massen: König Salvius ist ein Fanatiker und Prophet und Athenion ein schlauer Sterndeuter. Selbst die gewaltige Gestalt des Spartakus war in den Augen der Seinen von dem trüben Lichte religiöser Superstition umflossen.

---

[1]) Ranke, Engl. Geschichte IV (Sämmtl. Werke XVII) S. 20.

IV. Die Aufstände in Griechenland und Makedonien.

Die Andeutungen der Quellen über die den sicilisch-italischen gleichzeitigen griechisch-makedonischen Sklavenaufstände sind zu kurz und unbestimmt, als dass hier, zumal bei dem Mangel jeglicher Vorarbeiten über die wirthschaftliche Entwickelung Griechenlands seit dem Zeitalter des Demosthenes, versucht werden könnte, diese Bewegungen aus den entsprechenden örtlichen Verhältnissen zu erklären. Dennoch werden einige Bemerkungen über die nach der Vernichtung der griechischen Selbstständigkeit durch Philippos zu Tage getretenen socialen Zustände hier nicht ohne Nutzen vorausgeschickt werden.

Trotz der ungeheuren Vermehrung des baren Geldumlaufes durch die Einmünzung der Tempelschätze[1]) und durch die Hunderte von persischen Talenten, welche als Kriegsunterstützung einzelnen Staaten zugeflossen waren, wird im ganzen vierten Jahrhundert keine Klage in den klagereichen Reden aller über ihre Zeit nachdenkenden Männer häufiger gehört, als die über den allgemeinen Geldmangel der Staatskassen und über die Verarmung der Massen, welche in den Schaaren umherziehender Bettler und heimatloser Reisläufer ihren beredetsten Ausdruck fand. Zugleich weisen diese Redner

---

[1]) Im phokischen Kriege allein 10000 Talente. Vgl. Büchsenschütz, Besitz und Erwerb im gr. Alterth. S. 234. 609 ff. Vielleicht findet die Zukunft in dem Milliardensegen unserer Tage eine Parallele. Vgl. jetzt schon Soetbeer, die fünf Milliarden (D. Zeit- und Streitfr. Heft 33). Ueb. d. Folgende Curtius, gr. Gesch. III, 472 f.

immer wieder mahnend auf die Ansammlung des Gutes in
wenigen einflussreichen Händen hin [1]), auf das Schwinden des
Gemeingeistes und der patriotischen Opferfreudigkeit bei den
Reichen, die Begehrlichkeit der Armen, die Zügellosigkeit der
Sklaven, auf das Ueberhandnehmen eines unhellenischen Pri-
vatluxus und sinnloser Genussucht in allen Schichten der Bevölkerung. Die Gefahr, welche aus der Schroffheit der Vermögensunterschiede entsprang, offenbart sich nicht weniger deutlich in den Bestimmungen, welche die makedonischen Könige,
in dem Streben sich auf die besitzende Klasse zu stützen,
auf der allgemeinen Tagsatzung zu Korinth (338 und 336)
trafen: ein allgemeiner Landfriede soll den dermaligen Besitzstand gewährleisten; verboten sind in den betheiligten
Städten gesetzwidrige Tödtung oder Verbannung einer Gegen-
partei, Einziehung des Privatvermögens, Neuvertheilung des
Grundbesitzes, gewaltsame Aufhebung der Schuldverbind-
lichkeiten, Emancipation der Sklaven zum Zwecke der Staats-
umwälzung [2]).

Es sind einige statistische Angaben auf uns gekommen,
welche die hinter diesen Bestimmungen hervorschauenden
Besorgnisse keineswegs als die Wirkungen eitler Schreckge-
spenster auf schwache Gemüther erscheinen lassen. Als An-
tipater (321) anstatt der alten Demokratie eine timokratische
Verfassung einführte, fanden sich unter 31000 (nach einer
anderen Nachricht 21000) Athenern nur 9000 mit dem zur
Theilnahme an den politischen Rechten erforderlichen Vermögen von 2000 Drachmen (500 Thaler), „d. h. so viel, dass
ein einzelner Mann knapp von den höchsten Zinsen desselben leben konnte. [3])." Und schon drei Jahre später (318)
musste Kassander durch Herabsetzung dieses Census auf
1000 Drachmen weitere Grenzen ziehen [4]). Das Proletariat war

---

[1]) Demosth. g. Aristokr. 208. περὶ συντάξεως 30.
[2]) Pseudodemosth. περὶ τῶν πρὸς Ἀλέξανδρον συνθηκῶν §. 15.
[3]) Diod. XVIII, 18. Plut. Phok. 28.
[4]) Diod. XVIII, 74.

eben zu zahlreich und zu verwöhnt, um ohne ernste Gefahr mit einem Federstriche massenhaft zum politischen Tode verdammt werden zu können. Nach der Volkszählung, welche 309 der Phalereer Demetrios veranstaltete, bestand die Bevölkerung Athens aus 21000 Bürgern, 10000 Schutzverwandten und 400000 Sklaven[1]), woraus sich eine Gesammtzahl von etwa 515000 Seelen ergibt. Auf ähnliche Verhältnisse weisen andere Angaben. Zu Alexanders Zeit hatte nach dem wohlbeglaubigten Zeugnisse des Aristoteles[2]) das durch Fabrikindustrie und Seehandel blühende Aegina auf einem Flächenraume von nicht zwei Quadratmeilen 470000 Sklaven, und wenig später werden in Korinth, dessen freie bürgerliche Bevölkerung man auf 40000 Seelen geschätzt hat, 640000 Sklaven gezählt[3]). Dafür war Korinth als die lüderlichste Stadt Griechenlands verrufen und auch in Athen fehlte es nie an Bewunderung für die geschniegelten Löwen der Halbwelt im Leben, an Rührung für ihre Abbilder auf der Bühne. Dasselbe Volk, welches bei einer Staatseinnahme von jährlich 1200 Talenten[4]) sich von Antigonos 150000, von Demetrios 100000 Medimnen Getreide erbettelte[5]), fand immer noch Mittel genug, diesen Gönnern, wie dem Schöpfer drakontischer Luxusgesetze und Verschwender des öffentlichen Einkommens, Demetrios von Phaleron hunderte von Bildsäulen, den Buhlerinnen des Städteeroberers Tempel zu weihen.

---

[1]) Ktesikles bei Athen. VI p. 272.

[2]) Athen. VI p. 272. Schol. Pind. Ol. VIII, 30.

[3]) Timäos bei Athen. VI p. 272. Der Versuch, diese Zahlen wegzuschaffen (Clinton fast. hell. p. 430. Krüger), scheitert an der Thatsache ihrer ausgezeichneten Beglaubigung. Es verschlägt dabei wenig, wenn man „darunter alle von den Korinthern besessenen Sklaven, d. h. nicht nur die in der Stadt und ihrem Gebiete in Fabriken, mit Feldarbeit u. dgl. beschäftigten, sondern auch die als Ruderknechte auf den Schiffen dienenden und die in den auswärtigen Handelsniederlassungen korinthischer Kaufleute arbeitenden versteht." Bursian Geogr. v. Griechenl. II S. 13 vgl. S. 79 und Büchsenschütz a. a. O. S. 140 f.

[4]) Athen. XII p. 542.

[5]) Diod. XX, 46. Plut. Demetr. 34.

Sicher lagen in Rhodos, Chios, Byzanz die Verhältnisse kaum anders als hier, und man wird ohne Bedenken
annehmen können, dass überall in den Mittelpunkten der Industrie und des Seeverkehrs die unfreie und freigelassene
Arbeiterbevölkerung die Zahl der bürgerlichen Bewohner um
das vier- bis sechsfache überstieg. Aber die Geld- und Sklavenwirthschaft war in raschem Vorschreiten von den Küsten-
plätzen nach den Binnenlandschaften begriffen und zerfrass
auch hier bald Alles, was von alter Einfachheit und Tüchtigkeit dem Vaterlande aufgespart war, und dies um so mehr,
je weniger die fortdauernde Enge und Gebundenheit der übrigen Lebensverhältnisse der neuen Strömung nachgab.

In Phokis bestand ein altes Gesetz, welches das Halten
von Sklaven verbot, bis ins vierte Jahrhundert. Um 360 finden
wir zuerst eine Anzahl Familien mit ausgedehntem Grund-
besitze, den sie mit unfreien Arbeitern zu bewirthschaften
anfiengen. Mnason, ein Freund des Aristoteles, hatte deren
1000 erworben, und seine Landsleute warfen ihm vor, dass
er ebensoviele Mitbürger brotlos gemacht habe, ein Beweis,
dass nicht Mangel an freien Arbeitern, sondern Wohlfeilheit
die Neuerung empfohlen hatte und dass man sich des wirthschaftlichen Zusammenhangs zwischen Sklavenarbeit und Mas-
senverarmung wohl bewusst war. Unter dem Einflusse der
geraubten delphischen Schätze folgte rasch der unvernünftige
Luxus der Grosstädte nach: die Frau des Philomelos war die
erste, welche sich öffentlich von zwei Sklavinnen begleiten liess[1]).

Und auf welchen Wegen schritt erst das alte Sparta,
das ebensowenig von seiner vornehmen Abschliessung gegen
die gemeinsamen Interessen der Nation, als von seinem frechen
Egoismus ablassen wollte! Seitdem die freie Verfügung über

---

[1]) Timäos bei Athen. VI p. 264? Freilich begab sich damals eine
Dame der Demimonde von Athen nach dem Peiräeus zu ihrem Liebhaber
unter dem Geleite von drei Dienerinnen und einer Amme (Machon bei
Athen. XIII p. 582?), während die Gemahlin des Phokion zu allgemeiner
Verwunderung nur mit einer Sklavin auszugehen pflegte. Plut. Phok. 18.

die Ackerloose durch das Gesetz des Epitadeus gestattet und
der Besitz des Geldes auch bei Privaten nicht mehr straf-
fällig war, hatte sich das Vermögen in den Händen weniger
— zu einem grossen Bruchtheile sogar von Frauen — ange-
sammelt. Statt der früheren 9000 vollberechtigten Spartiaten
gab es 369 v. Chr. schwerlich noch 2000, fünfundzwanzig
Jahre später kaum 1000, zur Zeit des Agis und Kleomenes
nicht mehr als 700, von denen nur etwa 100 Landbesitz
hatten, 600 schwerverschuldete adeliche Proletarier waren,
denen ihre Armut die Theilnahme an den bürgerlichen Rechten, Gesetz und Herkommen einen ehrlichen Erwerb durch
Arbeit versagte [1]). Und daneben war die Zahl [2]) der leibei-
genen Heloten schwerlich geringer geworden, ihr Loos nicht
freundlicher; die Periöken verharrten in alter Gedrücktheit
und Abhängigkeit: welche Elemente gegenüber einer kleinen,
in brutaler Schwelgerei versinkenden Oligarchie, einem zucht-
losen Weiberregimente!

Mochte der Gegensatz zwischen dem, was historisch geworden und dem, was Vernunft und Recht forderte, noch so
gross sein, nirgends zeigt sich eine allgemeine Erkenntniss
der Ursachen der Schwäche, in der man sich vergebens den
eisernen Armen zu entwinden suchte, mit denen eine fremde
Grossmacht die griechischen Kleinstaaten umfasst hielt, nirgends ein durchschlagender Weg zur Rettung. Die faule
Masse des Proletariats war höchstens zu wüstem Marktge-
schrei noch gut genug; in den Zeiten höchster Noth griff
man auf die Arme zurück, welche die herabgewürdigte Arbeit gestählt hatte. Als Athen nach der Schlacht bei Chäronea
in jähem Sturze zusammenbrach, da stellte Hyperides den
nie zur Ausführung gebrachten Antrag, die Schutzverwandten
in das Bürgerrecht aufzunehmen, die Acker- und Bergwerks-

---

[1]) Die Stellen bei Clinton, fast. hell. p. 415 sqq. Krüger. Drumann
a. a. O. S. 39 ff. 120 ff. vgl. Schömann, gr. A. I S. 303 f.

[2]) Ueber diese Büchsenschütz a. a. O. S. 138 f.

sklaven, soweit sie zum Kriegsdienste geschickt und bereit seien, freizulassen [1]). 150000 waffenfähige Arbeiter allein aus der genannten Kategorie wurden damals gezählt! Die Thebaner kämpften ihren letzten Verzweiflungskampf gegen Alexander mit Hülfe ihrer Sklaven [2]): ehemals hatte ein Gesetz in anschaulicher Codificierung des alten Vorurtheils von der Unehrenhaftigkeit der Arbeit ihnen verboten, jemanden zu einem Staatsamte zu wählen, der innerhalb zehn Jahren sich mit Handel oder Handwerk beschäftigt hatte [3]); jetzt machten sich ihre Feinde darüber lustig, dass die ganze Habe der eroberten Stadt nur 440 Talente werth gewesen war [4]).

Wer etwa von einer glücklichen Zukunft hoffte, dass sie die socialen Schäden zum Ausheilen bringen würde, auch der musste sich schmerzlich betrogen sehen. Die Schätze des Orients, welche durch den Sturz des persischen Grosstaates und die Gründung der hellenistischen Monarchien für die griechische Spekulation flüssig geworden waren, hatten mindestens dem Westen keinerlei Segen gebracht. Der gehoffte materielle Aufschwung war nur den asiatischen und ägyptischen Griechen zu Gute gekommen, und während deren Handel durch die direkte Verbindung mit Indien, Mittelasien und der Südostküste von Afrika blühte, waren ihre Brüder im Mutterlande selbst des früher so einträglichen Transitverkehrs nach Westeuropa verlustig gegangen. Allerdings nur der relative Reichthum war im eigentlichen Griechenlande vermindert; aber der Einfluss des üppigen Asiens hatte die Bedürfnisse vermehrt, und die kleinen Staaten vermochten desshalb nicht mehr die frühere Stärke der Bevölkerung zu tragen. Was Griechenland von strebsamem Talent und Unternehmungsgeist erzeugte, strömte fortwährend nach den glänzenden Höfen von Alexandria, Antiochia, Pergamon oder

---

[1]) Schäfer, Demosthenes u. s. Zeit III S. 8 ff.
[2]) Diod. XVII, 11.
[3]) Aristot. Polit. III, 3. VI, 4.
[4]) Kleitarch bei Athen. IV p. 148ᵈ vgl. Schäfer a. a. O. III, 120 A. 1.

den zahlreichen Griechenkolonien, welche über das weite
Asien wie blinkende Sterne gesät schienen und überliess die
Heimat dem trostlosen Kampfe politischer Impotenzen unter
einander und gegen fremde Mächte. In der fortwuchernden
socialen Krankheit liegt die Ursache, wesshalb der frucht-
bare förderative Gedanke, welcher zu Anfang des dritten
Jahrhunderts in der ätolischen und achäischen Eidgenossenschaft verkörpert worden war und die letzte noch unverbrauchte
Kraft und Tüchtigkeit in das politische Leben der Nation
einführte, weder allgemein durchzudringen, noch den wider-
strebenden Elementen nach innen und aussen hinreichenden
Widerstand zu bieten im Stande war. Die Selbstsucht der
Geldoligarchie unterdrückte jeden höheren nationalen Gedanken, der massenhafte Pauperismus lähmte selbst eine ener-
gische Interessenpolitik, die Sklavenwirthschaft sorgte dafür,
dass diese Gegensätze, welche in dem engen Raume der
kleinstaatlichen Verhältnisse schroff genug auf einander sties-
sen, nicht ausstarben.

Der achäische Bund vertrug, mindestens innerhalb seiner
einzelnen Glieder, die Demokratie nur mit einer stark timo-
kratischen Beimischung [1]), und sein eigentlicher Schöpfer
Aratos, der Mann der schwächlichen Massregeln, der, um
die nach Erlösung ringenden Volkskräfte nicht in Anspruch
nehmen zu müssen, die Freiheit der Städte den Tyrannen
für Geld abkaufte, sorgte dafür, dass in der Bundesregierung
die Begüterten den Ausschlag gaben. Er kannte die Begehrlichkeit der verarmten Menge, welcher in Sikyon die Güter
der Verbannten zum Opfer gefallen waren; hatte er doch mit
ägyptischem Gelde die Vermögensverhältnisse seiner Vaterstadt
ordnen müssen, da eine Reaktion unmöglich schien [2]). Aber

---

[1]) Droysen, Gesch. d. Hellenism. II, 461 ff. Schömann, gr. A. I, 176.
[2]) Plut. Arat. 13. Cic. de off. II, 23, 81. Dass die Verhältnisse der
Stadt noch im Anfange des 2. Jh. zerrüttet waren, zeigt die Nachricht, dass
Attalos I das verpfändete Tempelgut des Apollo einlöste und die Bewohner
mit 10 Tal. und 1000 Med. Getreide beschenkte. Polyb. XVII, 16. Liv.

er musste es erleben, dass unter dem Einflusse der socialen
Reform in Sparta allerorts die Masse, welche einst dem jugend-
lichen Volksfreunde Agis zugejauchzt hatte [1]), den Ruf nach
einer gründlichen Verbesserung ihrer Lage durch Schulden-
tilgung und Zerschlagung des Grossgrundbesitzes erhob [2]).
Die ätolische Eidgenossenschaft, im engeren Sinne aus Völker-
schaften bestehend, welche der Natur des Landes nach weder
zu Grossindustrie und Handel noch zur Plantagenwirthschaft
neigten, zeigt eine wunderbar einheitliche Organisation und
festes Zusammenhalten. Dennoch erscheint auch hier bald,
in Folge der eingerissenen Räuberei im Grossen, Ueppigkeit
und Sklavenwirthschaft, Kampf der Stände und der Versuch
einer gewaltsamen wirthschaftlichen Ausgleichung von Staats
wegen, ein Vorbild, welches in dem benachbarten Thessalien
bald Nachahmung fand, wo die grossen Rittergüter mit ihrer
zahlreichen abhängigen Kleinbauernschaft dieselbe Saat des
Verfalls gezeitigt hatten, wie in Sparta [3]). Der Gedanke, die
Vermögensunterschiede mit einem Schlage aufheben zu können,
ist in der besten Zeit des Griechenthums wiederholt aufge-
taucht, das dritte und zweite Jahrhundert macht ihn zu einem
bleibenden, und es übt auf den heutigen Menschen einen über-
wältigenden Eindruck, zu sehen, dass die letzten Consequenzen

---

XXXII, 40, 9. Ueberhaupt sind, so lange Griechenland als ein, wenn auch noch
so unbedeutender Faktor in politischen Dingen mit in Rechnung zu bringen
war, derartige Schenkungen asiatischer Herscher an der Tagesordnung.

[1]) Plut. Ag. 14.

[2]) Droysen a a. O. II, 390 f. 496 ff. Schömann proleg. ad Plut. Ag.
et Cleom. p. XXVI sq.

[3]) Ueber die Geschlossenheit des ätol. Bundes vgl. meine quaest.
amphictyonic. Bonn 1870 p. 32; weniger günstig Droysen a. a. O. 403 ff.
Ueber das Sklavenwesen der Bundesglieder reiche Aufschlüsse in den Frei-
lassungsurkunden bei Curtius, Anecdota Delphica und Wescher-Foucart, In-
script. rec. à Delphes. vgl. quaest. amph. p 33 n. 1. Zur Zeit des Agis
führen die Aetoler auf einmal 50000 Periöken in die Sklaverei. Plut. Ag. 18.
Ueber die Verwirrung der Besitzverhältnisse Polyb. XIII, 1. 2. XXX, 14.
Liv. XXXI, 25. XXXII, 5. vgl. XXXIV, 51. Diod. XXIX, 33.

eines Proudhon und seiner Gesinnungsgenossen, die der ruhige
Bürger mit schauderndem Entsetzen hört, der sociale Um-
stürzler nur mit ungläubigem Lächeln ausspricht, damals ein
allgemeines Feldgeschrei waren: Expropriation und gleiche
Vertheilung des Grundvermögens, Rückkehr auf das Land
und zur Stabilität bäuerlicher Verhältnisse.

Praktisch wurden diese communistischen Gedanken nur
zweimal, in Sparta durch Agis und Kleomenes und in Ae-
tolien durch Dorimachos und Skopas. Der letztere Versuch
scheiterte gleich im Beginn an dem Widerstande Alexanders,
„des reichsten der Hellenen", und an der Unlauterkeit der
Männer, welchen das Volk sein Heil anvertraut hatte; der
Gesetzgeber Skopas begab sich nach Aegypten, wo die ein-
träglichsten Geschäfte und eine ihm vom König ausgesetzte
Pension von täglich 10 Minen (250 Thaler) seinen Gelddurst
nicht zu sättigen vermochten. Sparta schien durch die Schul-
dentilgung, die gewaltsame Einziehung und Neuvertheilung
des Grundbesitzes an eine durch Periöken vermehrte Bürgerschaft neu aufzublühen; indessen ist es sehr zu bezweifeln,
ob das Werk des Kleomenes Bestand gehabt hätte, auch wenn
die Furcht der achäischen Geldoligarchie und die makedonischen Sarissen bei Sellasia ihm nicht ein vorzeitiges Ende
bereitet hätten. Die Zurückführung des altspartanischen Lebens
und des allgewaltigen, jedes private Recht verschlingenden
Staatswesens verkannte zu sehr das durch die Demokratie zur
Geltung gebrachte Recht der Individualität, wie die wirthschaftlichen Kräfte, nach denen das Leben der Nation sich
regelte und die Bedürfnisse einer um Jahrhunderte vorge-
schrittenen Kulturentwiklung. Die Zurücksetzung der Periöken
scheint im Ganzen geblieben zu sein, jedenfalls dauerte die
Sklaverei der Heloten fort, wenn auch Kleomenes sich genöthigt sah einigen Tausenden für Geld die Freiheit zuzu-
gestehen [1]). Hier war nicht durch Restauration zu helfen, ja

---

[1]) Plut. Cleom. 23. Macrob. Sat. I, 11. vgl. Droysen a. a. O. II,
492. A. 28.

bei dem hohen Grade sittlicher Verkommenheit nicht einmal
durch Revolution. Und doch führten die Verhältnisse nach dem
misslungenen Versuche des Chilon[1]) eine sociale Revolution
der allerentsetzlichsten Art herbei, als der Wütherich Nabis
(206—192) in Sparta und Argos die Reichen tödtete, die
Heiligthümer plünderte und Häuser, Aecker, Frauen und
Kinder der Ermordeten an die zur Freiheit aufgerufenen Heloten und ein aus allen Enden der Welt zusammengelaufenes
Gesindel vertheilte[2]).

Es wäre traurig, wenn dieser Staat von Sklaven und
armen Teufeln, Lumpen und Galgenvögeln, den Philopömen,
„der letzte der Hellenen“, in Stücke schlug, auch den letzten
Ausweg bezeichnete, den der griechische Geist in den socialen
Wirren gefunden hätte. Das bürgerliche Leben hatte schon
lange vorher in Anknüpfung an altgewohnte Einrichtungen
ein zwar langsam wirkendes, aber friedliches Heilmittel versucht. Das Schwinden der wirthschaftlichen Selbständigkeit
und Selbstverantwortlichkeit hatte nämlich schon seit dem Ende
des vierten Jahrhunderts unter dem Schutze freisinniger Vereinsgesetze ein Zusammenschliessen der schwachen Einzel-
kräfte zu einem reichen Kranze genossenschaftlicher Bildungen
erzeugt, welche zahlreiche Inschriften über den ganzen Umkreis der griechischen Welt, hauptsächlich an den grossen
Verkehrsplätzen verbreitet zeigen. Leider lässt sich der Einfluss
dieser Vereine auf das wirthschaftliche Leben nicht im Einzelnen nachweisen; dass sie der fortschreitenden Verarmung
zu steuern vermochten, muss entschieden verneint werden.
Man bemerkt wohl die Ansätze zu einem diesbezüglichen
Eingreifen in den Kranken- und Sterbekassen, in der Ge-
währung eines leichten und schnellen Kredits; es darf angenommen werden, dass die Handels- und Handwerkervereine
den Geschäftsbetrieb erweiterten, die Produktion förderten; in

---

[1]) Polyb. IV, 81.
[2]) Polyb. XIII, 6. XVI, 13. Pausan. IV, 29, 10. Liv. XXXII, 38. 40
XXXIV, 31. XXXVIII, 34.

der Zulassung von Frauen, Metöken, Sklaven und Freigelassenen, in dem Bestehen eigener Sklavenvereine liegt ein
erfreuliches Anzeichen für das allmähliche Schwinden ver-
jährter gesellschaftlicher Unterschiede. Aber in dem fast aus-
nahmslosen Anschliessen dieser Genossenschaften an den Kult
einer gewöhnlich fremden Gottheit, in der gleichzeitigen Pflege
des erheiternden geselligen Elements lagen zugleich die Keime
einer schlimmen Ausartung, welche sie bald zu Mittelpunkten
der Lüderlichkeit und zu Brutstätten orientalischen Mucker-
thums machte [1]).

So trieb Griechenland hoffnungslos dem ökonomischen
Bankerott entgegen und mit ihm dem politischen, ja seine
ganze traurige Geschichte von dem ersten Zusammentreffen
mit den Römern bis 146 lässt sich nur unter diesem Gesichts-
punkte verstehen. Schon Flamininus nahm den Eindruck
mit, dass alle reichen und angesehenen Männer römisch ge-
sinnt seien, die Menge den bestehenden Zustand umzustürzen
strebe [2]). Aus dieser Zeit besitzen wir von Polybios eine Schilderung der Verhältnisse in Böotien [3]). Seit fünfundzwanzig Jahren
war dort weder in privaten noch in öffentlichen Sachen ein ge-
richtliches Verfahren zu erlangen gewesen. Die Menge wählte
keinen zu den höchsten Staatsämtern, von dessen Regiment
sie nicht Geldvertheilungen aus dem Staatsvermögen, Sicherheit vor Schuldforderungen und vor Belangung wegen Misse-
that erwarten durfte. Es war geradezu Brauch, jedes nicht
in gerader Linie vererbende Vermögen einem der vielen

---

[1]) Vgl. Foucart, des associations religieuses chez les Grecs. Paris 1873
und Lüders, die dionysischen Künstler. Berl. 1873, bes. S. 1—49. Ueber
d. ath. Vereinsgesetze F. S. 127 ff. L. 1 ff; üb. d. Sklaven F. 7 f. L. 46. Die
scharfsinnige Untersuchung Foncarts (S. 142 ff.) über die Kreditverhältnisse
der Genossenschaften geht zu weit, wenn sie die Verpflichtung zu gegen-
seitigen (wohl zinsfreien) Darlehen auf den von ihm sog. civilen Eranos
beschränkt; er vergisst, dass die Ausdrücke ἔρανος und ϑίασος (F. 3 L. 7)
gleichbedeutend gebraucht wurden.

[2]) Liv. XXXV, 34, 3. vgl. XXXIV, 51, 6. Polyb. XXVI, 2.

[3]) Polyb. XX, 6 vgl. c. 4. 5. Athen. X p. 417 sq. Dikäarch. p. 145. Fuhr.

Schmausvereine zu vermachen, in denen andere selbst das
Vermögen ihrer Kinder verschwelgten. Mancher hatte den
Monat mit mehr Trinkgelagen besetzt, als es Tage zu verderben gab. Wenn einem griechischen Beamten, sagt derselbe
Berichterstatter [1]), auch nur ein Talent des öffentlichen Vermögens anvertraut werde, so seien zehn Controlbeamten und
ebensoviele Siegel und doppelt so viele Zeugen nicht im
Stande, ihn von der Veruntreuung abzuhalten. In ganz Hellas
hersche die grösste Menschenarmut [2]), die Städte ständen still
und öde, die Aecker lägen unbebaut, obgleich seit längerer
Zeit weder anhaltender Krieg noch Krankheit gewüthet. Jeder
wolle ohne Rücksicht auf seine Mittel in dem Glanz und Flitter
der äusseren Lebenshaltung es dem andern zuvorthun, niemand kenne ein höheres Ziel, als Geld zu besitzen und den Tag
zu verlottern, niemand wolle heiraten und Kinder aufziehen;
die Reichen wünschten der letzteren höchstens eines oder
zwei, damit dieselben üppig erzogen würden und das Vermögen
beisammen bliebe. Die ganze bewegliche Habe des Peloponnes
meint Polybios [3]) denn auch, wenn er die Sklaven ausnehme,
nicht auf 6000 Talente schätzen zu dürfen. Die Sklaven blieben
am Ende noch der einzige produktive Stand, ihre Arbeit das
einzige Vermögen der Nation, und es ist eine bittere Ironie
des Schicksals, dass ein Sklavenheer dem Volke gegen Mum-
mius die Freiheit erkämpfen soll [4]), die es selbst nicht mehr
verdient. Die letzten Tage des achäischen Bundes zeigen ein
furchtbares Bild der ökonomischen Zerrüttung: das verarmte
und verschuldete Volk, gegen Rom und die Reichen von
heruntergekommenen Führern aufgehetzt, treibt die Eidgenossenschaft dem Verderben zu; schon im Winter 147/6 sus-
pendiert Kritolaos überall die Schuldklagen; eine zuchtlose

---

[1]) Polyb. VI, 56.
  [2]) Polyb. XXXVII, 4. vgl. XI, 8 sq. Der älteste Anwalt des Zwei-
kindersystems ist übrigens schon Hesiod. W. u. T. v. 367 ff.
  [3]) II, 62. vgl. Pausan. XI, 2.
  [4]) Polyb. XL, 2. Pausan. VII, 15, 2; ähnlich gegen Sulla Plut. Sull. 18.

Menge von „Handwerkern und gemeinen Leuten" überschreit
die römischen Vermittler zu Korinth; das Geld zur Kriegs-
führung wird von den Reichen erpresst, der Masse Schuld-
erlass und Umsturz des Bestehenden verheissen; die Sklaven
sind allerwärts schwierig und drohen sich zu befreien. Da begreift man die Verzweiflung der Gemüther, welche die einen
zum Selbstmord trieb, die anderen zu kopfloser Flucht und
Ergebung an die Feinde; da versteht man das furchtbare
Wort, welches auf aller Lippen war: „Wenn wir nicht bald
zu Grunde gehen, so ist keine Rettung mehr[1]."

Es kann nicht klar genug ausgesprochen werden, die
Sklavenwirthschaft und das auf dieselbe aufgebaute social-
politische System ist die letzte Ursache des Untergangs von
Hellas; in ihr liegt auch die Veranlassung, wesshalb es, nachdem
die römische Herschaft die Quellen jedes politischen Zwistes
verstopft hatte, selbst ökonomisch zu keiner kräftigen Selbst-
auffraffung kam, wie wohl manche. erwarten mochten. Seit
einem Jahrhundert hatte der Besitzstand die schwersten Er-
schütterungen erfahren; die Unsicherheit der Schuldforderungen musste den Privatkredit fast vernichtet, den Geschäfts-
verkehr gelähmt, und wo dies nicht der Fall war, bei dem
Vorwiegen des Hypothekarkredits und der hohen Zinsen die
liegenden Güter in wenige Hände gebracht haben; die dema-
gogischen Massregeln beim Beginn des letzten Krieges hatten
ohne Zweifel den Bankerott allgemein gemacht. Es entsprach
zwar den Thatsachen, wenn die Römer die Städtebünde
aufhoben, in den isolierten Gemeinden den Reichen das Regiment anvertrauten; den Erwerb von Grundeigenthum, wie
in Sicilien, auf die eigene Feldmark beschränkten, das Gebiet
von Böotien, Korinth und den übrigen eroberten Städten zur
römischen Domäne schlugen[2]. Aber die neuen Formen vermochten nicht, selbst unter der unverdrossen ordnenden und

---

[1] Vgl. Polyb. XXXVIII, 2 sq. XL, 2—5. Diod. XXXII fr. 26.
[2] Becker-Marquardt a. a. O. III[1], 121.

vermittelnden Hand des Polybios, die alten Schäden zu heilen, ja sie begünstigten nur die Ausbeutung des Landes durch das römische Kapital, welches bald in alle Lebensgebiete gierig eindrang.

Unter solchen Verhältnissen traf die Nachricht von den gewaltigen Arbeiterunruhen in Sicilien und Italien die griechische Sklavenschaft, als sie kaum die Freiheitshoffnungen und das Vertrauen in ihre Kraft, welche, wie schon gesagt, die Heranziehung von 12000 Sklaven zum Waffendienste in ihnen erweckt hatte, zu vergessen begann. Jetzt brachen, wie in dem westlichen Nachbarlande, an verschiedenen Orten Empörungen aus, die gefährlichsten an den beiden Centralpunkten des griechischen Sklavenwesens, in Delos (S. 36) und in Attika [1]). Dort wurden die aufständischen Arbeiter durch rasches und energisches Dazwischentreten der Behörden unter dem Beistande der städtischen Bevölkerung bald zu Paaren getrieben. Nicht so in Attika.

Es ist bekannt, welche bedeutende Rolle die laurischen Silberminen in dem Staatshaushalte der Athener spielten [2]). Der Staat war Eigenthümer der Gruben und vergab sie in einzelnen Abtheilungen an Erbpächter; beide Theile ernteten reichen Gewinn und mit ihnen zahlreiche Unternehmer und Generalpächter der jährlichen Rente. Der Betrieb geschah seit Alters nur durch Sklaven. Zur Zeit des peloponnesischen

---

[1]) Diod. XXXIV fr. 2, 19: οὖ διαβοηϑέντος κατά τε Ῥώμην δούλων ἀπόστασις — ἀνήπτετο, καὶ κατὰ τὴν Ἀττικὴν ὑπὲρ χιλίων, ἔν τε Δήλῳ καὶ κατ᾽ ἄλλους πολλοὺς τόπους· οὓς τάχει τε τῆς βοηϑείας καὶ τῇ σφοδρᾷ κολάσει τῆς τιμωρίας οἱ καϑ᾽ ἕκαστον ἐπιμελήταὶ τῶν κοινῶν ϑᾶττον ἠφάνισαν, σωφρονίσαντες καὶ τὸ ἄλλο, ὅσον ἦν ἐπὶ ἀποστάσει μετέωρον. Oros. V, 9: In metallis quoque Atheniensium idem tumultus servilis ab Heraclito praetore (wohl dem ἄρχων ἐπώνυμος) discussus est, apud Delon etiam servi novo motu intumescentes oppidanis praevenientibus oppressi sunt, absque illo primo Siciliensis mali fomite, a quo istae velut scintillae emicantes diversa haec incendia seminarunt.

[2]) Ueber alles hierher Gehörige vgl. Boeckh in d. Abh. d. histor.-philol. Classe d. pr. Ak. d. Wiss. 1814/5 S. 85 ff.

Krieges wurden von einzelnen Unternehmern 300—600 Arbeiter beschäftigt, Nikias besass deren sogar 1000. Im ganzen vierten Jahrhundert war der Bergbau im Sinken; aber noch Xenophon hält die Erzgänge für unerschöpflich und die Einstellung von weiteren 60000 Grubenarbeitern (S. 18) für möglich. Die Arbeit unter der Erde, wie in den Schmelz- und Pochwerken, wird als äusserst ungesund und aufreibend geschildert; dabei fehlte die nothwendige Abwechslung zwischen Arbeits- und Ruhetagen (Xenophon rechnet der ersteren jährlich 360, der letzteren also nur 5); die Habsucht und Gewissenlosigkeit der Unternehmer liess beim Bau nicht selten die zum Schutze der Arbeiter bestehenden gesetzlichen Vorschriften ausser Acht, was auch manche grössere Unglücksfälle herbeiführte. Die Bergwerkssklaven selbst nehmen unter ihren Brüdern die niedrigste Stufe ein. Die meisten waren Barbaren und Sträflinge; Fesselung und Brandmarkung scheint in Griechenland allein bei ihnen vorzukommen [1]. Man begreift darnach die Gefährlichkeit der Empörung dieser rohen, zu jeder Schandthat fähigen Gesellen. Die fragmentarischen Nachrichten [2] über dieselbe sind nicht ganz leicht zu ver-

---

[1] Plut. Vgl. d. Nik. u. Crass. 1. Xenoph. Mem. III, 6, 12. Athen. VI p. 272.

[2] Bei Diod. u. Oros. in d. S. 95 A. 1 angef. St. und Athen. VI p. 272ᵃ: καὶ αἱ πολλαὶ δὲ αὗται Ἀττικαὶ μυριάδες τῶν οἰκετῶν δεδεμέναι εἰργάζοντο τὰ μέταλλα. Ποσειδώνιος γοῦν ὁ φιλόσοφος καὶ ἀποστάντας φησὶν αὐτοὺς καταφονεῦσαι μὲν τοὺς ἐπὶ τῶν μετάλλων φύλακας, καταλαβέσθαι δὲ τὴν ἐπὶ Σουνίῳ ἀκρόπολιν καὶ ἐπὶ πολὺν χρόνον πορθῆσαι τὴν Ἀττικήν. Οὗτος δ᾽ ἦν ὁ καιρός, ὅτε καὶ ἐν Σικελίᾳ ἡ δευτέρα τῶν δούλων ἀπόστασις ἐγένετο. Die letzten Worte, ein Zusatz des Athenäos, nicht des Posidonios, werden jetzt allgemein auf den Aufstand von 103—101 bezogen, obgleich die hier ganz vortrefflichen Berichte des Diodor und Orosius, welche ebenfalls, bei diesem mittelbar (durch Livius), bei jenem unmittelbar, auf Posidonios zurückgehen, ihn zwischen 143 und 132 zu setzen nöthigen. Die Vermuthungen von Schweighäuser zu Athen. l. l. und Boeckh a. a. O. S. 123, welch letzterer die Empörung in Ol. 91, 4 setzt, erfordern eine ernstliche Widerlegung nicht, zumal schon Boeckhs eigene Einwürfe genügen würden, sie als unhaltbar zu erweisen. Das Rich-

einigen. Nach Diodor wären über 1000 Sklaven aufgestanden, eine Zahl die wohl nur von dem Anfange der Erhebung zu verstehen ist. Die Aufrührer tödteten ihre Aufseher und warfen sich, um einen sicheren Stützpunkt zu gewinnen, in das seit 412 befestigte Städtchen Sunion, welches in dem Rufe stand, entlaufene Sklaven für Geld ohne sonderliche Schwierigkeit in die Zahl seiner Bürger aufzunehmen. Sie besetzten die Burg und verwüsteten von hier aus lange Zeit das attische Gebiet. Doch zuletzt wurden sie von dem athenischen Stadtbürgermeister Heraklitos überwältigt.

Unter den mancherlei Fragen, welche die Quellen hier offen lassen, wäre die Beantwortung derjenigen besonders erwünscht, ob die laurischen Silberbergwerke als attisches Staatseigenthum nach der Einverleibung Griechenlands auch zur römischen Domäne geschlagen wurden. Jedenfalls aber bewirkte das römische Kapital eine Steigerung des Betriebes, so dass man, als das Graben in der Erde keinen hinlänglichen Gewinn mehr brachte, sogar die vor Alters weggeworfenen Schlackenmassen nicht ohne Vortheil später einem nochmaligen Schmelzprocesse unterzog [1]. Die römischen Kapitalisten liebten die Bergwerksunternehmungen; ein censorisches Gesetz verbot, in den Goldgruben bei Vercellae mehr als 5000 Sklaven zu halten [2]), und in den Silberbergwerken von Neukarthago waren 40000 Menschen beschäftigt [3]). Die Ausbeutung der unterirdischen Schätze geschah mit furchtbarer Härte gegen die geknechteten Arbeiter, so dass z. B. in Spanien bei den Tag und Nacht fortdauernden Anstrengungen viele unter der Peitsche ihrer Aufseher todt zusammensanken, die

tige hat bereits Zinkeisen, Gesch. Griechenlands I, 494 f. gesehen. — Ueber Sunion vgl. das frgm. des Anaxandridas bei Athen. VI p. 263[b] mit der Erklärung von Küster nebst Bursian, Geogr. v. Gr. I, 354. Nach Terent. Phorm. V, 6, 9 befand sich daselbst ein Sklavenmarkt.

[1]) Strabo IX p. 399. Ein römischer Bergwerksunternehmer in einer attischen Inschrift bei Foucart, des assoc. relig. p. 121. inscr. 38.

[2]) Plin. N. H. IV, 78.

[3]) Polybios bei Strabo III p. 147 extr.

Ueberlebenden den Tod herbeischnten [1]). Es wäre immerhin
möglich, dass den letzten Anstoss zu der Empörung der attischen Bergleute die Grausamkeit römischen Betriebes gegeben
hätte.

Mit grösserer Wahrscheinlichkeit ist dies von dem gleichzeitigen Aufstande in Makedonien zu behaupten. Die dortigen
Gold- und Silberbergwerke hatten sich unter den letzten Königen ungemein gehoben und sehr bedeutende Pachtgelder ein-
gebracht [2]). Nach der Besiegung des Perseus, waren dieselben,
wie der königliche Grundbesitz, nicht weiter verpachtet worden,
weil man, wie sich Stimmen im römischen Senate vernehmen
liessen, der Publicanen dabei nicht entbehren könne und, wo
diese ihre Hand im Spiele hätten, entweder das öffentliche
Recht oder die Freiheit der Bundesgenossen ein leerer Schall
sei; den Makedoniern selbst aber eine so bedeutende Finanz-
quelle zu überlassen schien gefährlich [3]). Die römische Geldaristokratie wusste trotzdem nach wenigen Jahren die Aufhebung des Verbotes durchzusetzen [4]), und so darf es uns denn
nicht Wunder nehmen, wenn wir zwanzig Jahre später auch
hier eine Arbeiterschaft finden, welche der allgemeinen Empörung sich anzuschliessen geneigt ist. Es sind uns nur einige
spärliche Worte darüber erhalten [5]), welche erzählen, dass die
Provinz von empörten Sklavenschaaren verwüstet wurde, und
wir können im Ganzen nur die Versicherung unserer Haupt-

---

[1]) Diod. V, 38 Ueber den ägyptischen Bergbau und die Lage der
dortigen Arbeiter, unter denen selbst Frauen und Kinder, vgl. die anschau-
liche Schilderung desselben III, 11—13.

[2]) Liv. XXIX, 24, 2. XXXXII, 12, 9. 52, 12.

[3]) Diod. XXXI, fr. 8, 7. Liv. XXXXV, 18, 4. 29, 11.

[4]) Becker-Marquardt a. a. O. III², 144 n. 745.

[5]) Bei Augustin. de civ. dei III, 26: neque id solum (der Fechter-
krieg 73—71 v. Chr.) fuit servile bellum, sed et Macedoniam provinciam
prius servitia depopulata sunt et deinde Siciliam oramque maritimam. Der
Zusammenhang gestattet kaum an eine andere Zeit, als die des ersten sicil.
Sklavenkrieges zu denken, auch wenn man die angef. Worte des Diodor,
dass der Aufstand κατ' ἄλλους πολλούς τόπους ἐγένετο, nicht hierher
ziehen will.

quelle wiederholen, dass hier wie in Griechenland, wo sich die Empörung zeigte, lediglich durch rasches Eingreifen der Behörden und durch die strengsten Strafen der allgemeinen Verbreitung des Unheils vorgebeugt wurde.

So war dem unglücklichen Griechenvolke nach den Orgien des freien Proletariats auch der Schrecken der Sklavenaufstände nicht erspart geblieben. Aber es war schon nicht mehr fähig, sich durch Thatsachen belehren zu lassen; unter dem Wirken der fremden Wucherer verkam es bald vollends und war höchstens noch gut genug, seinen Herren in Italien die gelehrten Hoflakaien und Spassmacher zu liefern. Der Ackerbau siechte immer mehr dahin und bald war Griechenland eine grosse Einöde, wo zwischen den Resten alten Städteglanzes die Heerden weideten und in den Tempeltrümmern wilde Thiere ihren Zuflucht suchten[1]). Um die Wende des ersten Jahrhunderts n. Chr. war die Zahl der Bevölkerung so zusammengeschmolzen, dass ganz Hellas mit Mühe 3000 Schwerbewaffnete hätte aufbringen können, soviel als einst Megara allein zur Schlacht bei Plataeae entsandt hatte. Wenn damals Plutarch seinen Landsleuten rieth, ihre Sklaven zu verkaufen, damit sie die Gier der Wucherer nicht selbst zu Sklaven mache, die Arbeit zu ehren, als Lehrer, Thürsteher, Matrosen ihr Brod zu suchen, so zeigt das freilich, dass die richtige Erkenntniss der Ursachen all dieses Elends sich endlich Bahn gebrochen hatte, aber — zu spät.

---

[1]) Ueber den Wucher vgl. die lehrreiche Schrift des Plutarch περὶ τοῦ μὴ δεῖν δανείζεσθαι; über die entsetzliche Verödung des Landes Zinkeisen a. a. O. I, 516 ff., üb. die Heerdenwirthschaft Strabo VII p. 388. Plut. de defectu oracul. 8. Dio Chrysost. Εὐβοϊκός p. 105 sqq.

V. Aristonikos.

Es war im Spätsommer 133 v. Chr. Der Schrecken der Sklavenempörungen in Sicilien und Italien hatte seine erste Frucht getragen in dem Ackergesetze des Ti. Gracchus; die Dreimänner, welche mit der Untersuchung der Domänenfrage und der Umwandlung der Proletarier in Erbpachtbauern betraut waren, hatten ihr schwieriges Geschäft begonnen; es schien ein Augenblick der Ruhe eingetreten zu sein, in welchem die Parteien ihre Kräfte zu neuem Kampfe sammelten. Da traf ein Gesandter vom königlichen Hofe in Pergamon mit wichtigen Aufträgen zu Rom ein, Eudemos, den man bald in dem Hause des mächtigen Volkstribunen aus- und eingehen und mit den gebildeten Griechen aus dessen Umgebung verkehren sah. Als er beim Senate Audienz erhielt, hörten die Väter freudig überrascht aus seinem Munde die Meldung, sein Herr und König Attalos III Philometor sei gestorben und habe ein Testament hinterlassen, in welchem er das römische Volk zu seinem Erben einsetze; aber sprachloses Erstaunen ergriff sie, als darauf Ti. Gracchus auftrat und zwei neue Gesetzentwürfe ankündigte, nach welchen der pergamenische Schatz zur Ausstattung der neugeschaffenen Hufenbesitzer verwendet werden und die Entscheidung über die asiatischen Städte nicht, wie seither der privilegierten Camaraderie, sondern dem kraft Testamentes zum Erben eingesetzten Volke zufallen sollte. Offenbar hatte der umsichtige Volksführer in seinen Besprechungen mit dem Gesandten eine genaue Kenntniss von den Verhältnissen des pergamenischen Reiches gewonnen; ja es liegt die Vermuthung nahe, dass die Vorboten ähnlicher Vorgänge, wie in Sicilien und Italien, Makedonien und Griechenland, sich in der zahlreichen kleinasiatischen Sklavenschaft bereits gezeigt und Eudemos bestimmt hatten, den hierzu vorwiegend geeigneten römischen Staatsmann um Vermittlung vorbeugender Massregeln zu bitten, zumal es bekannt war, dass die römische Verwaltung die socialen Misstände überall nur vergrössert hatte. Dennoch mag es in der nun folgenden aufgeregten Sitzung, in welcher von allen Seiten die heftigsten Vorwürfe gegen den Tribunen geschleudert wurden, dem reaktionären Heisssporn Q. Pompeius den stürmischen Beifall seiner Parteigenossen eingetragen haben, als er mit wichtiger Miene erzählte, er als Nachbar des Gracchus wisse genau, dass Eudemos diesem aus dem pergamenischen Königsschatze bereits Diadem und Purpur überbracht habe als künftigem Herrn von Rom [1]).

Das pergamenische Reich [2]) in seiner damaligen Ausdehnung und Bedeutung war eine Schöpfung und zugleich stets ein Werkzeug römischer Eroberungspolitik. Von Philetäros (um 280) in den Wirren der letzten Diadochenkämpfe begründet, von Eumenes I (263—241) befestigt und vergrössert, war es unter Attalos I (241—197) im Osten gegen die Kelten gesichert, im Westen von der Stadt Pergamon und ihrer nächsten Umgebung bis zur äolischen und ionischen Küste erweitert worden und hatte sich im ersten makedonischen Kriege durch Anschluss an die Aetoler und Römer rasch eine politische Stellung erobert, die unter Eumenes II (197—159), der in seinem Verhältnisse zu Rom dem Vorgange des Vaters folgte, zunächst an Festigkeit gewann. Allein derselbe Fürst, der für seine treue Bundesgenossenschaft in dem Kriege gegen Antiochos d. Gr. durch die Ausdehnung seiner Herschaft über ganz

---

[1]) Plut. Ti. Gracch. 14. Liv. per. LVIII. de vir. ill. 64. Oros. V, 8. Vgl. Nitzsch, Die Gracchen S. 314 f.

[2]) Vgl. üb. dasselbe den erschöpfenden Aufsatz von M. H. E. Meier in Ersch u. Grubers Encyclop. Sect. III. Th. 16 S. 346—426.

Mysien, Lydien, die beiden Phrygien, Lykaonien und einen
Theil Kariens nebst den griechischen Küstenstädten, soweit
sie nicht für frei erklärt wurden, belohnt worden war, musste,
nachdem er den Römern in den folgenden griechisch-makedonischen Kämpfen die unverdrossenste Hülfe zu Land und
zur See geleistet, am Ende seines Lebens erfahren, dass für
Rom sein Reich nur der willenslose Keil war, durch den es
die syrische und die makedonische Grossmacht auseinander-
gespalten hatte. Unter seiner ganzen ferneren Regierung und
unter derjenigen seines Bruders, des gefügigen Attalos II
(159—138), hatten die Römer misstrauisch die Beziehungen
der Pergamener zu den Nachbarn überwacht; senatorische
Commissionen waren gekommen und gegangen, hatten spio-
niert und intriguiert und ihre Thätigkeit so geschickt einzurichten gewusst, dass stets Stoff zu neuen Streitigkeiten und
zu neuem Eingreifen der Schutzherren blieb. Seit der Schlacht
bei Magnesia war vom Hellespont bis zum Euphrat alles
Fürchten und Hoffen dem Westen zugewandt; jetzt, nachdem
in Makedonien und Griechenland der letzte Schein der Selbstständigkeit ausgetilgt war, konnte es nur noch als eine Frage
der Zeit gelten, wann auch diese Staaten in der römischen
Herschaft aufgehen würden. Das pergamenische Reich musste
naturgemäss als eines der ersten von diesem Schicksale be-
troffen werden. Dies mochte der letzte der Attalen, dem die
üblichen Demüthigungen und Kränkungen nicht erspart geblieben waren, sehr wohl eingesehen haben. Attalos III
(138—133) [1] war bei seiner Thronbesteigung ein noch junger
Mann von feiner Bildung, dessen Regierungsweise aber weit
abwich von der kühlen Besonnenheit und freundlichen Milde
seiner Vorgänger. Bald, wie diese, zärtlich und liebevoll gegen
seine Verwandten, bald von finsterem Argwohn ergriffen und
zu blutiger That getrieben, liess er seine nächsten Angehörigen und die einflussreichsten Freunde seines Vaters mit

---

[1] Ueber ihn Meier a. a. O. S. 413. Wegener, de aula Attalica p. 43.
272. Hauptstellen Diod. XXXIV fr. 3. Justin. XXXVI, 4.

Frauen und Kindern ermorden, Feldherrn und Statthalter
durch List oder Gewalt aus dem Wege räumen, sass dann
aber wieder tagelang im Trauergewande, mit ungeschorenem
Haar und Bart in seinem Palaste, jede Freude und den Anblick der Menschen fliehend, gleich als wolle er seine Greuel-
thaten abbüssen. Er beschäftigte sich mit naturwissenschaft-
lichen Studien, legte einen botanischen Garten an, in welchem
er vorzugsweise Giftpflanzen kultivierte, verfasste botanische,
pharmakologische, landwirthschaftliche und zoologische Schriften; auch bossierte er in Wachs und hatte eine besondere
Liebhaberei für die Fabrikation von Erzarbeiten. Um die
Regierung kümmerte er sich zuletzt gar nicht mehr; höchstens
dass er noch einige seiner Räthe durch vergiftete Pflanzen,
welche er ihnen schenkte, hinwegschaffte. Sein Tod erfolgte
plötzlich, nach kaum sechstägiger Krankheit in Folge eines
Sonnenstichs, den er sich zugezogen hatte, als er persönlich
die Ausführung eines Grabmals für seine Mutter überwachte.

Die Echtheit des Testamentes dieses in seinen Entschlüs-
sen unberechenbaren, vom Despotenwahnsinn geblendeten
Fürsten wird von keiner unserer Quellen bezweifelt; nur
hören wir, dass in Asien noch später der Glaube verbreitet war,
es sei untergeschoben gewesen [1]). Eine besonnene historische
Kritik wird nicht wagen, hier eine Entscheidung zu treffen.
Das Testament lag vor; die grosse Mehrzahl der römischen

---

[1]) Der Inhalt des Testamentes, meist in den allgemeinsten Aus-
drücken bei Liv. per. LVIII. LVIIII. Flor. I, 34 (II, 20). Jul. Obsequ. 87.
Vell. Paterc. II, 4. Eutrop. IV, 18. Ruf. brev. 10. Oros. V, 8. 10. Serv. in
Verg. Aen. I, 701. Plut. Ti. Gracch. 14. Appian. Mithr. 62. B. C. V, 4.
Strabo XIII p. 624. Nur Sallust lässt den Mithradates in einem aus Hist.
lib. IV erhaltenen Briefe an den Partherkönig Arsaces sagen: Attalum,
custodem agri captivi, sumptibus et contumeliis ex rege miserrimum servorum effecere, *simulatoque impio testamento* filium eius Aristonicum,
qui patrium regnum petiverat, hostium more per triumphum duxere, und
aus Acro in Horat. Od. I!, 18, 5 geht hervor, dass 300 J. später die Erwerbung Asiens selbst von Römern als eine unrechtmässige angesehen
wurde. Meier a. a. O. S. 414 ff. will „das ganze Testament für ein von
selbstsüchtigen Intriguanten ersonnenes, vielleicht in Rom selbst zur Voll-

Senatoren mochte an seiner Authenticität um so weniger zu
zweifeln sich versucht fühlen, als sich hier ein bequemer Weg
bot, ohne Schwertstreich eine längst geplante Erwerbung zu
machen.

Sie sollten sich in ihrer Erwartung bitter betrogen sehen.
Noch lebte ein Bruder des verstorbenen Attalos, zwar ein
Bastard, aber nach griechischem Erbrechte zur Thronfolge
berechtigt. Und Aristonikos, den eine Nebenfrau, die Tochter
eines Citherspielers aus Ephesos, Eumenes dem Zweiten geboren hatte, war jetzt ein energischer Mann in seinen besten
Jahren, der keineswegs geneigt schien, auf sein gutes Recht
zu verzichten [1]). Ueber seine Jugendzeit sind wir nicht unterrichtet; jedenfalls hat er nach der Thronbesteigung des Attalos
Philometor, als dieser in dem Wahne, Mutter und Braut seien
vergiftet worden, seine Verwandten aufs grausamste verfolgte,

---

endung gekommenes Fabrikat" erklären. Die von ihm in Erwägung gezogenen Momente, zu denen sich die Unwahrscheinlichkeit, dass der wenig
über 30 J. alte König bei seinem plötzlich erfolgten Tode ein Testament
könne hinterlassen haben, hinzufügen lässt, genügen nicht; ebensowenig
lässt sich mit den meisten Neueren die Echtheit des Test. behaupten, soviel bestechendes auch Nitzsch a. a. O. dafür vorbringt.

[1]) Die Hauptstellen für die Geschichte des Aristonikos sind: Strabo XIV
p. 646. Diod. XXXIV fr. 2, 26. Justin. XXXVI, 4. Liv. per. LVIII. Flor. I, 34
(II, 20). Oros. V, 10. Eutrop. IV, 20. Vell. Paterc. II, 4. Am zuverlässigsten
ist in jeder Hinsicht, besonders in chronologischer, der Bericht des Strabo,
daneben Justin. u. Eutrop. — Ueber die Abstammung des Aristonikos sagt
Justin., er sei *non iusto matrimonio, sed ex paelice Ephesia citharistae
cuiusdam filia genitus;* Eutrop. *Eumenis filius, qui ex concubina susceptus
fuerat;* Liv. *regis Eumenis filius* vgl. Sall. l. l.; Oros. *Attali frater;* Flor.
regii sanguinis ferox iuvenis; Strabo δοκῶν τοῦ γένους εἶναι τῶν βασιλέων;
Diod. Ἀριστονίκου ἀντιποιησαμένου τῆς μὴ προσηκούσης βασιλείας,
wohl mit Rücksicht auf das Testament; dagegen Plut. Tit. Flamin. 21:
Ἀριστόνικος ὁ τοῦ κιθαρῳδοῦ διὰ τὴν Εὐμένους δόξαν ἐμπλήσας ἅπασαν
ἀποστάσεων καὶ πολέμων τὴν Ἀσίαν und Velleius, dessen Bericht von
Ungenauigkeiten strotzt, *mentitus regiae stirpis originem.* Mit Rücksicht
auf die fortwährende Kränklichkeit des Eumenes in seinen letzten Lebens-
jahren und auf die Geburtszeit des Spätlings Attalos (Stratonike hatte
bis zum J. 167 noch keinen Sohn geboren: Polyb. XXX, 2. Liv. XLV, 19)

den pergamenischen Königshof meiden müssen. Als der Ty-
rann gestorben war, trat er mit seinen Ansprüchen auf den
Thron hervor, noch ehe in Rom unter dem Hinüber und
Herüber des Intriguenspiels ein entscheidender Schritt in der
Erbschaftsangelegenheit geschehen war [1]). Wohl der grössere
Theil der dem pergamenischen Reiche unterworfenen Städte
erklärte sich sofort für Aristonikos, zuerst das kleine nördlich
der Hermosmündung auf steiler Höhe am Meere gelegene
Leukae; andere, in welchen der Drang nach Selbständigkeit
oder die Furcht vor den Römern überwog, mussten mit ge-
waffneter Hand genommen werden. Kolophon, Samos, Myn-
dos werden unter diesen genannt; demnach muss die Seeküste
von Aeolis bis Karien in seinen Händen gewesen sein. Zugleich setzen diese Eroberungen voraus, dass Aristonikos schon
sehr bald über eine beträchtliche Truppenmacht und Flotte
verfügte, was ihm entweder dadurch ermöglicht worden war,
dass er den Schatz und damit die Söldner seines Bruders
gewonnen hatte oder durch sofortige Aufbietung der Volkskräfte, welche unter der grausamen Willkür des Attalos sehn-
süchtig auf einen Umschwung der Dinge gehofft hatten. Trotzdem sah er, in einer Seeschlacht von den Ephesiern bei Kyme
geschlagen, sich genöthigt, die Küste aufzugeben und in das
innere Land zurückzugehen. Hier hatten die Sklaven, wie in
Sicilien, vielleicht in directem Zusammenhange mit den dortigen Vorgängen, vor Kurzem ihre Ketten abgestreift und
ihre Herren ermordet. Aristonikos bemächtigte sich der Bewegung, verhiess allen Sklaven, welche sich ihm anschliessen
würden, die Freiheit und sammelte zugleich grosse Schaaren
verarmter Freien um sich. Seinen Anhängern versprach er die
Gründung eines neuen, auf Gleichheit und Freiheit Aller ge-
gründeten Staates, dessen Büger er „Sonnenstädter" (Ἡλιοπο-
λῖται) nannte.

---

hat die Annahme manches für sich, dass Aristonikos älter war als Attalos.
Jedenfalls zählte er 133 über 30 Jahre, womit das *ferox iuvenis* des Flor.
nicht unvereinbar ist.

[1]) Die Zeit ergibt sich aus Appian. B. C. I, 17.

Die Wurzeln der Missverhältnisse, welche diese Proletarierbewegung hervorgerufen hatten, lagen in der inneren
Politik der Attalen, welche im Wesentlichen nicht verschieden
war von derjenigen der übrigen hellenistischen Regierungen.
Sie ruhte auf einem sorgfältig ausgebildeten Schatz- und
Steuersystem mit Söldnerheeren; Industrie und Handel wurden
gepflegt, Kunst und Wissenschaft, wenn auch meist nur als
Zubehör des Hofstaates, begünstigt, vor Allem die Gräcisierung
des Binnenlandes durch ein ausgedehntes Kolonialnetz betrieben, unter möglichster Schonung von einheimischem Brauch
und Götterdienst. Weit hinauf in die fruchtbaren Thäler des
Kaïkos, Hermos, Kaystros und Mäandros stieg so mit den
griechischen Spekulanten die intensive Geld- und Sklavenwirthschaft, welche hier aus nächster Quelle schöpfte. Von
dem Reichthume und üppigen Städteglanze jener Gegenden
erzählten die römischen Gesandten fern im Westen; wer achtete daneben des armen Mannes? Was jahrhundertelanges
Sultanregiment nicht vermocht hatte in den Ländern, die
seit der lydischen Herschaft gewohnt waren, dass über sie
verfügt wurde ohne sie, das brachte diese verderbliche Wirthschaftsweise zu Wege, eine tiefgreifende Volksbewegung.
Freilich muss es ein zündender Gedanke gewesen sein, den
Aristonikos unter die stumpfsinnigen Massen warf, denen für
den Ruf der Freiheit kein Ohr geschaffen schien, dass er
die Armen und Gedrückten jeder Art an seine Fahnen fes-
selte. Der Name der Heliopoliten weist darauf hin, dass es
derselbe war, durch welchen Eunus seine Syrer fanatisierte.
Er führt uns an die Orontesquelle zwischen Libanon und
Antilibanon, nach dem syrischen Heliopolis, dem Stammsitze
des nationalen Sonnengottes Adad, dessen Name nach Macro-
bius den Einzigen und Alleinigen bedeutet und dem die
Syrer als der höchsten männlichen Gottheit die Atargatis
als höchste weibliche zur Seite gestellt hatten. ‚Diesen beiden
schrieben sie die gesammte Macht im Weltall zu, indem sie
unter ihren Namen Sonne und Erde versinnbildlichten‘, die
zeugende und die gebärende Kraft. Der universelle Charakter

des Sonnenkultus trat schon, wenn auch nicht in demselben Masse, wie in der spätrömischen Kaiserzeit, in dem Synkretismus der Diadochenperiode zu Tage; wie sich schon für diese der Mithrasdienst von Persien bis Athen nachweisen lässt, so mochte der syrische Sonnengott unter den Seleukiden weit nach Kleinasien hinein gedrungen sein, zumal er sich hier an die einheimischen phrygischen und karischen Kulte leicht anschliessen liess [1]). Die uralten Naturreligionen des inneren Kleinasiens waren von den Attalen als Vehikel ihrer Herschaft begünstigt und bald auch in reinen Griechenstädten, wo sie sich den verwandten Diensten des Dionysos und der Aphrodite anglichen, eifrig in der nationalen Weise geehrt worden [2]). Die letztere bestand darin, dass sich die Feiernden durch Weihen und Sühnungen, durch üppige Tänze unter dem Klang der Flöte und der Handpauke in sinnberückenden Taumel und wilde Begeisterung versetzten, in der sie sich zur Gottheit emporzuschwingen, Wunder sehen und verrichten zu können meinten. Wenn gerade damals diese Kulte auch im eigentlichen Griechenland in einer grossen Zahl von geschlossenen Vereinen und frommen Bruderschaften gepflegt wurden (S. 34. 92), so ist das, was ihnen Verbreitung verschaffte, nicht sowohl das Zaubermeer eines schrankenlosen Sinnenrausches, in das sich ein unbefriedigtes, überreiztes Geschlecht so gern versenkt, als vielmehr die diesen Genossenschaften eigenthümliche, der socialen Anschauungsweise

---

[1]) Vgl. Macrob. Sat. I, 23. Preller, R. Myth. S. 749 f. Als Orakelgott wurde Adad mit Apollon in Verbindung gebracht, im Occident aber wohl nur in seiner nationalen Gestalt von syrischen Kaufleuten verehrt. Indessen kann der Jupiter O. M. Dolichenus der römischen Legionen nur als eine besondere Auffassung des Adad gelten, und wie nah dieser mit dem karischen Zeus und dem lydischen Herakles verwandt ist, zeigt Preller S. 751 f. Ueber Mithras ders. S. 757.

[2]) Ueber alles hierher Gehörige vgl. Foucart a. a. O.; ausserdem Strabo XII p 567. Inschr. in d. Sitzungsber. d. Münch. Ak. 1860 S. 180 ff. Lucian. de saltat. 79. Der Gott von Pergamon ist der *semitische* nicht der *griechische* Asklepios: E. Curtius in d. Abh. d. Ak. d. Wiss. zu Berl. 1872 S. 71 — Eine von der oben gegebenen etwas abweichende Vermuthung über die Heliopoliten s. bei Mommsen, R. G. II S. 54 Anm.

der Hellenen fremde Gleichstellung aller Mitglieder, mochten sie Griechen oder Barbaren, Männer oder Frauen, Freie oder Sklaven sein. Darnach ist die Bezeichnung ‚Bürger der Sonnenstadt‘ zu beurtheilen; sie schied die Anhänger des Aristonikos als die gläubige Gemeinde des Adad von den Ungläubigen, die verbrüderten Armen und Elenden von ihren feindlichen Bedrängern, wie wir den von Eunus auf den Schild gehobenen Namen der ‚Syrer‘ demzufolge auch nach der religiösen Seite werden zu nehmen haben, als das Kennzeichen der Anhänger der Atargatis.

Mit seinen fanatisierten Schaaren freier und unfreier Proletarier eröffnete nun Aristonikos einen verheerenden Krieg, in welchem sich die Ziele des Klassenkampfes mit den Absichten des Kronprätendenten eng verschmolzen. Die Städte, welche ihm ihre Thore verschlossen, wurden gestürmt und grausam geplündert, zuerst Thyatira und Apollonis, dieses eine Gründung der Attalen, jenes der Seleukiden; nichts schien den entfesselten Horden widerstehen zu können. Bald war Aristonikos im Besitze des ganzen väterlichen Reiches. Freilich rüsteten jetzt die freien Städte und die benachbarten Könige von Bithynien und Kappadokien, sowohl das empörte fremde, als auch das empörungslustige einheimische Proletariat fürchtend; aber wir hören nicht, dass sie bis zur Ankunft der Römer irgend etwas unternommen oder ausgerichtet hätten.

Unter diesen Ereignissen waren die Jahre 133 und 132 verflossen, ohne dass man in Rom bei dem Sturme, welchen die Tribunenwahl für 132, der Tod des Ti. Gracchus und die Tendenzprocesse gegen seine Anhänger erregten, eine endgültige Bestimmung über das Schicksal des pergamenischen Reiches getroffen hätte. Der Streit darüber, ob hier dem Senate oder dem Volke die Entscheidung zustehe, war durch die Ermordung des Gracchus unterbrochen worden; das von ihm durchgebrachte Gesetz [1]), nach welchem die asiatischen

---

[1]) So mit Nitzsch a. a. O. S. 119 f. nach Cic. Verr. III, 6, 12.

Steuern von den Censoren in Rom verpachtet werden sollten, schnitt tief in das faule Fleisch der seitherigen Provinzialverwaltung; jetzt mochte sich keine Partei stark genug fühlen, die Frage ganz zum Austrag zu bringen. Als der Nachricht von dem Vorschreiten des Thronprätendenten die von dem Seesiege der Ephesier auf dem Fusse gefolgt war, hatte man vielleicht Aristonikos für vernichtet gehalten und sich vorläufig damit begnügt, wohl zur genaueren Orientierung über die Verhältnisse fünf Gesandte abzusenden, zu welchen auch der als Anstifter von Gracchus Ermordung allgemein verhasste Scipio Nasica gehörte, der aber kurz nach der Ankunft in Asien zu Pergamon starb [1]). Nur zu bald kam die Kunde von dem erneuten Vordringen des Aristonikos. Eben war erst der sicilische Sklavenkrieg in Strömen von Blut erstickt worden, und wieder standen, vielleicht theilweise auf die blose Gefahr hin römischer Habsucht anheimzufallen, an einem anderen Ende des Mittelmeeres furchtbare Sklaven- und Proletarierhorden in Waffen. Jetzt freilich musste ein ernster Schritt gethan werden und man fasste den Entschluss ein bedeutendes Heer nach Asien abgehen zu lassen. Ueberall war die Rede von der glänzenden Beute, welche zu erwarten stand; die Schwierigkeit des Unternehmens schienen sich nur wenige

---

[1]) Die Gesandtschaft in diesem Zusammenhange erwähnt nur Strabo l. l.; es ist nicht wohl möglich, dass es eine andere war, als diejenige, durch welche Nasica mit guter Miene den Blicken des erzürnten Volkes entzogen wurde. Plut. Ti. Gracch. 21. Val. Max. V, 3, 2 (beide mit rhetorischer Ausschmückung). de vir. illustr. 64. Cic. p. Flacc. 31, 75. Man sieht nicht recht, was die Gesandtschaft sollte, und dies stimmt mit den Angaben über die des Nasica. Da derselbe in oder bei Pergamon starb, so muss an die Zeit gedacht werden, in welcher Aristonikos sich in das innere Land zurückgezogen hatte, da er vor- und nachher im Besitze der Hauptstadt zu denken ist. Der Tod des N. ist ins J. 132 auch schon desshalb zu setzen, weil Crassus beim Antritt seines Consulats bereits pontifex maximus ist (vgl. Meier a. a. O. S. 417 A. 70.) und jener nach Plutarch bei seiner Abreise dieses Amt bekleidete. Falsch wäre darnach die Angabe Liv. per. LVIIII: Crassus consul, cum idem pontifex max. esset, *quod nunquam antea factum erat*, extra Italiam profectus.

klar gemacht zu haben. Da die beiden Consuln des Jahres
131, P. Licinius Crassus Mucianus und L. Valerius Flaccus,
von denen der erste als Pontifex Maximus nach altem Brauche
Italien nicht verlassen durfte, der andere als Flamen Mar-
tialis seinem Collegen als geistlichem Oberen zu gehorchen
hatte, über die Führung des Krieges in ärgerliche Streitigkeiten geriethen, so dachte man eine Zeit lang daran, dem
Scipio Africanus den Oberbefehl zu übertragen, einigte sich
aber zuletzt auf den als Freund der Gracchischen Reform
beim Volke beliebten Crassus, welcher durch Rechtskunde
und Redegewandtheit, wie auch durch umfassende Kenntniss
nicht nur der griechischen Sprache, sondern selbst aller einzelnen Dialekte, zur Gewinnung der Bundesgenossen und zur
Ordnung der Verhältnisse Kleinasiens in vorzüglichem Grade
geeignet erschien [1]). Er landete an der Spitze eines trefflich
ausgerüsteten Heeres in Eläa, dem Hafen von Pergamon [2]),
mit der festen Absicht, sich möglichst schnell in den Besitz
der ‚Attalischen Beute' zu setzen. Vor allem bot er die schutzverwandten Könige Nikomedes II von Bithynien, Mithradates V von Pontos, Ariarathes V von Kappadokien und Pylae-
menes von Paphlagonien auf, welche nicht säumten, ihm an-
sehnliche Hülfsheere zuzuführen.

Aber auch Aristonikos konnte getrost dem Kampfe ent-
gegensehen. Er hatte grosse Schaaren thrakischer Söldner in
seine Dienste genommen; kräftig unterstützten ihn die Städte,
vor allen Phokäa [3]). Und noch eine, vielleicht nicht weniger
schwer wiegende, geistige Verstärkung hatte seine Sache erhalten. Kurz vor der Ankunft des Crassus auf asiatischem Boden
war hier ein Mann ans Land gestiegen, welchem ein nicht
zu unterschätzender Antheil an den socialreformatorischen Bestrebungen des Ti. Gracchus zuzuschreiben ist, der Stoiker

---

[1]) Cic. Phil. XI, 8, 18. Valer. Max. VIII, 7, 6.
[2]) Aus Gell. I, 13, 11 zu schliessen, wo mit Recht *ad magistratum
architectonem Elaeensium* verbessert ist.
[3]) Valer. Max. III, 2, 12. Appian. Mithr. 62. Justin. XXXVII, 1.

Blossius aus Cumae. Als das Blutgericht, welches der Senat den
Consuln des Jahres 132 übertragen hatte, mit frecher Willkür gegen die Gracchaner wüthete, hatte man auch ihn vor
ihr Forum geschleppt und als er seiner innigen Freundschaft
mit dem Tribunen gedachte, ihn gefragt, ob diese Freundschaft ihn auch hätte vermögen können, die Brandfackel in
das Capitol zu schleudern. „Das würde Gracchus nie befohlen
haben entgegnete er." ‚Und wenn er es befohlen hätte?'
„Dann hätte ich ihm gehorcht; denn er würde es nie ver-
langt haben, wenn es nicht dem Volke zum Heile gereichte."
Diese tapfere Antwort, welche nach Niebuhrs schönem Aus-
spruche ihm keine Schande machte, sondern denen, welche
sie ihm abgepresst hatten, hätte ihm den Hals gekostet, wenn
es ihm nicht gelungen wäre zu entkommen. Er begab sich
zu Aristonikos, und es ist anzunehmen, dass er dessen den
Gracchischen verwandten, jedenfalls aber consequenteren Bestrebungen sein ganzes Talent und seine ungeschwächte Begeisterung entgegenbrachte [1]).

Ueber die Kriegführung des Crassus sind wir nicht im
Einzelnen unterrichtet. Er griff das feste Leukae an. Die Belagerung muss sich in die Länge gezogen haben; wenigstens
stand er noch tief im Winter als Proconsul dort, als ihn, da
er eben im Begriffe war, Asien zu verlassen, ein Entsatzheer
des Aristonikos überraschte. Mit ungeordneten Truppen musste
er die Schlacht aufnehmen; sein Heer wurde vollständig geschlagen und grösstentheils niedergemacht, er selbst von den
Feinden umringt und gefangen genommen. Da er keinen
anderen Ausweg sah, einem schmachvollen Loose zu entgehen,
so stiess er einem der ihn bewachenden thrakischen Sold-
knechte mit der Reitgerte ins Auge und reizte denselben so,
dass er ihn mit dem Schwerte durchbohrte. Dem todten
Feldherrn schnitten die Feinde das Haupt ab, der Rumpf
wurde in Smyrna bestattet [2]).

---

[1]) Cic. LaeL 11, 37. Valer. Max. IV, 7, 1. Plut. Ti. Gracch. 8. 17. 20.
[2]) Der Ort der Schlacht nach Strabo περὶ Λευκας, womit Valer.

Unterdessen befand sich M. Perperna, der eine der Consuln des Jahres 130, bereits auf dem Wege nach Asien. Als er den unglücklichen Ausgang der Schlacht und den Tod des Proconsuls vernahm, eilte er ohne Aufenthalt nach dem Kriegsschauplatze. Es war früh im Jahre; das Heer des Aristonikos mochte die Winterquatiere noch nicht verlassen haben; er wurde unvorbereitet überrascht und völlig geschlagen. Fliehend warf er sich nach Stratonikeia in Karien, wo er bald von den Römern eng eingeschlossen und durch Hunger zur Ergebung gezwungen wurde.

Darüber war das Consulatsjahr des Perperna zu Ende gegangen. Er wusste, dass ihn die oligarchische Camarilla in Rom als einen neuen Mann hasste und ihm keinen Augenblick über die gesetzliche Zeit das Kommando gönnen würde; schon hörte er, dass sein Nachfolger der Consul M'. Aquilius, unterwegs sei, um ihm Beute und Triumph zu entreissen. Desshalb beeilte er sich, nach Pergamon zu kommen, um die vielgepriesenen Attalenschätze und seinen Gefangenen, Aristonikos, einzuschiffen. Allein hier wurde er rasch von einer Krankheit dahingerafft und da seine Gegner ihm das Verdienst, einen gefährlichen Feind durch seine Energie und Umsicht überwunden zu haben, nicht nehmen konnten, so suchten sie sein Andenken mit dem Vorwurfe zu beflecken, er habe sich ins Bürgerrecht eingeschlichen [1]). Aquilius blieb auf dem Kampfplatze nur noch eine Nachlese übrig. Die zersprengten Heliopoliten vertheidigten sich allerdings mit verzweifelter Hartnäckigkeit noch in mehreren Städten, allein der römische Feldherr scheute sich nicht, um die Belagerten zur raschen Uebergabe zu zwingen, ihnen das Trinkwasser zu vergiften. Warum auch nicht? Es waren ja Proletarier, welche

---

Max. III, 2, 12 *inter Elaeam et Smyrnam* stimmt, wie auch wohl bei Frontin. Str. IV, 5, 16 zu lesen ist. Die Zeit ergibt sich aus Justinus und Velleius l. l.; Cic. Legg. III, 19, 42 beweist nichts. Die kleinen Abweichungen in d. Erzählungen üb. d. Tod des Crassus s. bei Meier a. a. O. S. 418.

[1]) Valer. Max. III, 4, 5. Eine Anordnung des Perperna betreffs des Tempels der Anaitis erwähnen die Hieroclsareer Tac. Ann. III, 62.

in Rom von vornehmen Senatoren mit Knütteln und Stuhl-
beinen erschlagen wurden, Sklaven, die man in Sicilien hundert-
weise niedergemetzelt hatte; wie sollte ihnen gegenüber ein
römischer Optimat sich an die Grundsätze des Völkerrechts,
an die Gesetze der Menschlichkeit binden? Bald lag wieder
über Kleinasien die Ruhe des Grabes, und unter Beihülfe
der üblichen Zehnmänner konnte Aquilius die neue Provinz
ordnen. Beträchtliche Strecken an der Grenze wurden den
bundestreuen Königen von Kappadokien und Pontos zugewiesen, die sich freilich diese Erwerbungen schon ein gutes
Stück Geld kosten lassen mussten. Die Städte, welche es
mit Aristonikos gehalten hatten, wurden zerstört; nur das
alte Phokäa entgieng dem gleichen Schicksal auf die Für-
bitte seiner angesehenen Tochterstadt Massilia. Ja um die
Beute zu vermehren, zog man selbst Ereignisse der fernen
Vergangenheit wieder ans Tageslicht, welche längst hätten
vergeben und vergessen sein sollen und verhängte auch über
die Städte das Strafgericht, welche vor mehr als sechzig
Jahren für Antiochos d. Gr. die Waffen geführt hatten. Römische Beamten, Steuerpächter und Spekulanten stürzten sich
nun wie eine wohlorganisirte Räuberbande über die Provinz
Asia her, plünderten dieselbe, ja sogar auch die benachbarten
Klientelstaaten bis aufs Blut aus, verkauften die arbeitsfähigen
Leute in die Sklaverei und liessen den Zurückbleibenden
kaum etwas anderes, als ihr Leben und ihre Armut. Wenn
nach vierzig Jahren die verzweifelten Provinzialen auf den
Befehl des Mithradates an einem Tage alle Römer, welche
sich in Kleinasien befanden, grässlich hinmordeten, so muss
man sich wieder nur erinnern, dass man es hier nicht mit frei-
heitsgewohnten griechischen Städten oder heissblütigen Spa-
niern zu thun hat, sondern mit einer Nation, die mit unerhörter Geduld Druck und Knechtschaft zu tragen pflegte und
seit Jahrhunderten nichts anderes wusste, als dass eine Des-
potie die andere ablöste.

Der unglückliche Aristonikos war in Ketten nach Rom
geführt und hier auf Befehl des Senats im Gefängnisse er-

drosselt worden, wahrscheinlich noch 129 v. Chr. Sein Ge-
fährte Blossius, der das Werk, welches er mit so rühmlicher
Ausdauer gepflegt hatte, zum zweiten Male durch dieselbe
Macht zum Scheitern gebracht sah, hatte seinen Sturz nicht
überleben wollen und sich das Leben genommen. — Das Wenige, was uns von der Geschichte des pergamenischen Kö-
nigssohnes die abgeblasste Vulgärtradition befangener spätrö-
mischer Geschichtskompendien und beiläufige Bemerkungen
eines griechischen Geographen gegönnt haben, genügt nicht,
um das Bild des Mannes lebenswahr zu erneuern, der um
sein gutes Recht, welches ihm die Caprice eines Tyrannen,
vielleicht auch nur die Ländergier der Römer streitig machte,
und zugleich um die Erlösung der Masse aus den Banden
des Elends und der Unfreiheit mit Muth und Geschick kämpfte.
Uns steht es nicht zu, über die zu wenig bekannte Durch-
führung seiner Bestrebungen nach der einen oder der anderen Seite hin zu urtheilen. Aber eins können wir, auch ohne
dass eine befreundete Feder seine Thaten aufgezeichnet hat,
erkennen: er begriff den Zug der Zeit, welche vom Capi-
tolinischen Hügel und den Höhen von Enna bis zum Tauros-
rücken die Gemüther bewegte. Ob es seine Schuld war, dass
der Erfolg, den er schon gesichert glaubte, so rasch wieder
verloren gieng, oder vielmehr die der tief gesunkenen Gesellschaft, welche er auf neuen Grundlagen aufzubauen strebte,
vermögen wir nicht zu entscheiden. Jedenfalls würde er doch
auf die Dauer der Wucht der römischen Hilfsmittel nicht
haben widerstehen können.

So endete der letzte Ausläufer dieser grossen Bewegung.
Auf der ganzen Linie von Sicilien bis Kleinasien war die
Staatsgewalt zuletzt Sieger geblieben und mit ihr die Geldoligarchie. Das verderbliche System, durch den Sieg nur
noch gestärkt, gieng seinen Weg unaufhaltsam weiter; das
Ende ist bekannt genug. Es lohnt sich, einen prüfenden Blick
auf den ganzen Zusammenhang zu werfen. An der römischen

Proletarierfrage entwickelte sich die mächtige Volkspartei,
welche die Auflösung des republikanischen Staatswesens herbeiführte; wieder und wieder haben sich die Sklaven zum
Freiheitskampfe erhoben; aber niemals hat sich die Bewegung
weder in derselben Beschränkung auf das rein sociale Gebiet
noch in dieser Allgemeinheit wieder erneuert. Der letztere
Zug ist schon den Alten nicht unbemerkt geblieben; Orosius
vergleicht den sicilischen Aufstand mit einer Feuersbrunst,
von welcher die Funken emporwirbeln und, vom Sturme getragen, überall Brand und Verderben säen. Selbst die Verbreitung des Christenthums hat nicht so plötzlich, so unmittelbar und in solcher räumlichen Ausdehnung die Gemüther ergriffen, als diese erste internationale Arbeiterbe-
wegung, der nothwendige Rückschlag jenes Systems der
grossen Kapital- und Sklavenwirthschaft, welches die Römer
in Sicilien und Karthago, in Griechenland und den hellenistischen Monarchien bereits ausgebildet vorgefunden hatten.
Mit ihm hatte die antike Volkswirthschaft ihren Höhepunkt
erreicht, jenen Höhepunkt kapitalistischer Durchdringung aller
Lebensgebiete, auf dem es keinen Ausgleich mehr zu geben
scheint, wo die Vermögensunterschiede fortwährend zunehmen,
die Reichen immer reicher, die Armen immer ärmer werden
und der Mittelstand in chronischer Atrophie dahinschwindet.
Die römische Weltherschaft — das unförmliche Bild eines
Klassenstaates, der seine schwächeren Brüder verschlungen
hat — bedeutet mehr eine Concentrierung als eine Steigerung
dieses Systems, ein Zusammenleiten der wirthschaftlichen
Säfte auf einen sich immer mehr verengenden Kreis von
privilegierten Besitzern, welche im thatsächlichen Genusse
der Herschaft sind, während den Millionen von Beherschten
kaum die Schalen und Träbern bleiben. Wie ein bedeutungs-
voller Markstein steht an der Grenzscheide dieser Epoche
die weitverzweigte Proletarierbewegung der dreissiger Jahre
des zweiten Jahrhunderts, jenes blitzgleiche Hervorbrechen
des Socialismus, dessen Aehnlichkeit mit einer heutigen Erscheinung unverkennbar ist, wenn auch seine Forderungen

sich den herschenden Wirthschaftsverhältnissen anzupassen
hatten. Als socialistisch müssen aber diese Bestrebungen bezeichnet werden, weil sie sämmtlich auf eine Reform der
wirthschaftlichen Zusammensetzung der Gesellschaft und auf
eine von der seitherigen abweichende Vertheilung der Le-
bensgüter hinausliefen. Die Gesetzgebung des Ti. Gracchus,
der Proletarierkrieg des Aristonikos, die Aufstände der sicilischen und italischen Hirten und Ackerknechte, wie der laurischen Bergleute und delischen Fabrikarbeiter, sie alle sind
darin einig, dass sie die Berechtigung der geldoligarchischen
Beherschung der Gesellschaft leugnen; nur ihre positiven
Ziele und die Wege, auf denen sie dieselben zu erreichen
suchen, sind verschieden.

Auf das engste Gebiet hat sich noch die Gracchische
Gesetzgebung beschränkt. Sie fasst zunächst nur die wirthschaftlich schwachen oder gänzlich aus der Wirthschaft heraus-
gedrängten Freien ins Auge, und auch hier, wenigstens zu
Anfang, vorwiegend das bäuerliche Proletariat, und selbst
dieses nur für den Kreis der römischen Bürgerschaft. Dabei
stellt sich Ti. Gracchus durchaus auf historischen Boden;
sein Gesetz ist im Wesentlichen eine zeitgemässe Erneuerung
des Licinisch - Sextischen oder eine Erweiterung der seit
etwa einem Menschenalter in Vergessenheit gerathenen Praxis, mittels geordneter Auswanderung und Landanweisung
das Aufsaugen der kleinen bäuerlichen Existenzen durch
die Grossgüterwirthschaft zu paralysieren. Wie die griechischen Gesetzgeber, macht er die staatliche Gesammt-
heit für die naturwidrige Zusammensetzung der Bürgerschaft
aus einer kleinen Minderheit privilegierter Ausbeuter und aus
einer grossen Mehrheit Ausgebeuteter verantwortlich und
fordert Abhülfe für dieses der Verfassung Hohn sprechende
Missverhältniss, wenn auch nicht auf dem seither üblichen,
so doch auf gesetzlichem Wege. Durch Expropriation der
von den Reichen widerrechtlich in Besitz genommenen Staats-
ländereien und durch Schaffung von unveräusserlichen Bauernstellen für die Verarmten sucht er im Wesentlichen nur die

sachliche Grundlage für die formell vorhandene politische Berechtigung wiederherzustellen. So einseitig diese Massregel war, so sehr sie nur für Augenblicke ein Krankheitssymptom beseitigte, die Grundfehler der staatlichen wie der wirthschaftlichen Organisation aber bestehen liess, aus welchen sich das alte Uebel in unerbittlicher Gesetzmässigkeit immer neu gebären musste, während die Mittel zur Abhülfe beschränkt blieben, ebensosehr ist zu betonen, dass die sociale Frage vom Standpunkte eines damaligen römischen Staatsmannes mit irgend welcher Aussicht auf Erfolg in ihrem ganzen Zusammenhange nicht erfasst werden konnte und dass in derselben Kraft und Einfachheit, wie Ti. Gracchus, weder sein Bruder Gaius noch einer seiner Nachfolger sie je wieder gestellt hat.

In den Sklavenempörungen gewinnt die producierende Kraft der alten Wirthschaft, welche von dem Kapitale wie ein todter Mechanismus gehandhabt worden war, plötzlich Leben und Willen und ein Bewusstsein ihrer Bedeutung. Sie mussten von vornherein, da sie weder historische Anknüpfungspunkte noch einen formellen Rechtsgrund unter den Füssen hatten, mit dem Umsturze alles seither Bestehenden beginnen. Für sie kam es zunächst darauf an das oberste Menschenrecht, die persönliche Freiheit zu erkämpfen, dann aber auf einer neuen rechtlichen Unterlage ein Staatswesen zu begründen, welches ihnen die wirthschaftliche Freiheit und Selbständigkeit gewährleistete. Dies führte sie zu dem folgenschweren Satze, der hier wie eine neue Erlösung zuerst in' der alten Geschichte auftritt und den später das Christenthum mit solchem Nachdruck wieder aufgenommen hat, dass die A r b e i t ein Recht gibt auf die Theilnahme an den Gütern des Lebens. Sie setzen sich damit in diametralen Gegensatz zu dem Begriffe des Staatsbürgerthums, wie er bei den Griechen sich herausgebildet hatte, der im Wesentlichen nichts anderes umfasst, als den Bourgeois St. Simons, den Besitzer, der nicht arbeiten und vermöge seines Besitzes im Staate allein herschen will. Desshalb ist ihr Befreiungskampf zugleich ein Vernichtungskrieg gegen die besitzende Klasse; das freie Proletariat, welches sich von derselben Macht benachtheiligt sieht, macht mit ihnen sowohl in Sicilien als in Kleinasien gemeinsame Sache. Während hier ein schon vorhandenes Staatswesen, dessen Thron der Führer der Bewegung in Anspruch nimmt, zur Verwirklichung ihrer socialistischen Forderungen dienen soll, muss in Sicilien auch dieser Staat erst geschaffen werden. Von seiner Verfassung lässt sich nur soviel erkennen, dass er eine monarchische Spitze und demokratische Einrichtungen trug. Nur vermuthen kann man, wie Eunus die Organisation der Arbeit und die Vertheilung der Güter innerhalb seines Reiches bewerkstelligt hatte. Wenn die Analogie des ersten bekannten römischen Sklavenaufstandes (S. 24) und der socialistischen Tyrannis des Nabis (S. 91) hierhergezogen werden darf, so erstreckte sich die letztere auch auf die Frauen und Kinder der früheren Herren und musste dies naturgemäss, da sich das weibliche Element bei der Sklavenschaft in entschiedener Minderheit befand [1]). Wenn die kleinen Bauern, soweit sie ihrer Arbeit obzuliegen fortfuhren, geschont wurden, wenn man sich überhaupt von wüster Zerstörung wenigstens auf dem Lande im Ganzen fern hielt, so beweist dies mindestens, dass man auf geordnete Zustände für die Dauer hinarbeitete. Ob dieselben Bestand gehabt hätten, wenn die Sklaven Sieger geblieben wären, ob nicht vielmehr die aus der tiefen Nacht der Knechtschaft plötzlich in das helle Licht der Freiheit versetzten Massen sich in rohem Genusse zu Grunde gerichtet oder in innerem Hader würden zerfleischt haben, wie in unserem Jahrhundert der Negerstaat auf S. Domingo: diese Frage könnte vielleicht nur nach Massgabe der uns unbekannten ethischen Durchbildung beantwortet werden, welcher die so überraschend mitwirkenden religiösen Gedanken

---

[1]) Aehnliches lässt sich für den zweiten sicil. Sklavenkrieg aus Diod. XXXVI fr. 4, 6 schliessen; vgl. das Verfahren der Mamertiner in Messana. Polyb. I, 7. Diod. XXI fr. 18.

bereits theilhaftig oder wenigstens fähig waren. Die schreiende Ungleichheit der irdischen Dinge, der nur zu häufige Widerspruch zwischen Lebensglück und sittlichem Werthe des Einzelnen ist der Punkt, über den jede religiöse Ethik den armen Sterblichen wohl oder übel hinaushelfen muss. Die Verlegenheitstheorie der Griechen, dass ein Theil der Menschen von Natur zu Freiheit und Glück, ein anderer zur Knechtschaft bestimmt sei, war ein grausamer Hohn für die Unglücklichen, und was war die leidige Vertröstung auf ein besseres Jenseits der Wirklichkeit gegenüber? Trügt nicht Alles, so werden, wie in den Cultgenossenschaften orientalischer Gottheiten selbst auf griechischem Boden die Schranken der Nationalität, des Standes und Geschlechtes gefallen waren, auch die Syrer aus ihrer Annahme eines Allvaters, Adad, und einer Allmutter, Atargatis, auf die nothwendige Folgerung der brüderlichen Gleichheit aller Menschen gekommen sein: zur Uebertragung dieser Idee auf das sociale Gebiet war nur ein kleiner Schritt. In ihrer äussersten Consequenz musste sie zur Gütergleichheit, vielleicht zur Gütergemeinschaft führen, die überall, wo sie in der Geschichte sich dauernd gezeigt hat, wie im Buddhismus, bei den ersten Christen, in den Mönchs-, Nonnen- und geistlichen Ritterorden des Mittelalters, bei den Wiedertäufern und anderen Sekten, nur auf der Unterlage einer tiefgehenden religiösen Begeisterung sich möglich erwiesen hat. Leider lassen uns hier die Quellen im Stich; weder bei den sicilischen Syrern noch bei den kleinasiatischen Heliopoliten ist eine Spur von Communismus zu bemerken.

Jedenfalls aber gebührt dem Emancipationskampfe des unseligsten aller Arbeiterproletariate, der so ganz neue Bahnen quer durch die überkommenen Anschauungen hindurch einschlug, dieselbe Aufmerksamkeit, wie sie das Bestreben der edlen Gracchen, den alten Klassenstaat in zeitgemässer Weise umzubauen, immer gefunden hat. Charakterisiert er doch mehr als alles andere jene Zeit, in welcher jeder denkende Staatsmann klar empfand, dass die organischen Uebel, an

welchen die Gesellschaft krankte, den Staat dem Untergange
entgegen führen müssten, wenn nicht bald der Arzt käme,
der mit Schneiden und Brennen den kranken Leib behan-
delte. Sie sind lehrreich, diese Perioden, welchen das Hut-
tensche: ‚Es muss durchgebrochen werden‘ auf der Stirne
geschrieben steht und daneben die Verlegenheit über das Wie
und Wo des gefährlichen Wagnisses. Selten fehlt es da an
Männern, welche durch ihre Lebensstellung sich mehr als
jeder andere berufen fühlen müssten, handelnd einzugreifen;
aber auch mehr als ein ‚weiser‘ Laelius hat sich den Dank
seiner Standesgenossen nicht durch Thaten, sondern durch
Abstehen von solchen erworben. Kein Wunder, dass, wo von
den Berufenen gezögert wird, endlich aus der Masse der
Meistbetheiligten der Retter ersteht, der, ohne die inneren
und äusseren Vorbedingungen zur Durchsetzung eines solchen
Unternehmens, auch das Haltbare in Trümmer schlägt und
kläglich mit dem Ruin Tausender von bethörten Genossen
endet. Mag er sich dann glücklich schätzen, wenn die Nach-
welt nicht seinem Beginnen noch den Fluch der Lächerlich-
keit anheftet.

Excurs.

Ueber die Chronologie des sicilischen Sklavenkrieges und Verwandtes.

Schon Fischer in den röm. Zeittafeln zum J. 622/134, Nitzsch, die Gracchen u. ihre Zeit S. 284, A. Siefert, die Sklavenkriege S. 34 A. 41, endlich Lehmann im Philol. XXII (1865) S. 711 ff. haben darauf aufmerksam gemacht, dass die Entstehungszeit des ersten sicilischen Sklavenkrieges in den letzten vierziger Jahren des 2. Jh. v. Chr. zu suchen sei; ich selbst habe, ohne die Ausführungen von Lehmann zu kennen, in der Thes. I zu m. Dissertation de gente Aetolica amphictyoniae participe. Bonn 1870 den Anfang der Bewegung zwischen 143 und 141 v. Chr. gesetzt. Da aber in den gelesensten Werken über römische Geschichte (Mommsen II, 79. 4. Aufl., Peter in den Zeittafeln und in d. röm. Gesch. II, 18 ff, wo die sicilischen Ereignisse, welche doch auf die Reformbestrebungen des Ti. Gracchus von bestimmendem Einflusse gewesen sind, sogar nach diesen erzählt werden) noch immer der alte Irrthum nicht abgestellt ist, welcher die Jahre 135—132 annimmt und zugleich meine Darstellung in manchen Punkten eines schützenden Geleitsbriefes bedarf, so halte ich es für geboten, dem gewissenhaften Leser die massgebenden Momente der einzelnen chronologischen Ansetzungen hier vorzulegen.

Unter den Bruchstücken von Diodors Darstellung bietet der Auszug des Photios (Exc. cod. 244, p. 524—529 W. = Bip. p. 100—112 = Dind. fr. 2 § 1—23) die einzige fortlaufende Erzählung der Ereignisse. Dem Epitomator kam es offenbar mehr auf eine eingehende Darlegung der wirthschaftlichen Verhältnisse der Insel und der Vorgeschichte des eigentlichen Aufstandes an, als auf genaue Auseinandersetzung der kriegerischen Operationen. Darum ist der zweite Theil der Darstellung § 17—23 Dind. so dürftig ausgefallen. Die Feldzüge der coss. Flaccus und Piso werden nicht einmal erwähnt, die vorausgehenden Kämpfe der Prätoren sind durchaus summarisch abgefertigt. Die übrigen Frgm. aus den Exc. de virtut. et vit. und den Exc. Vat. sind freilich höchst willkommen, da sie charakteristische Züge aus der Vorgeschichte und einzelnen wichtigen Vorgängen der Bewegung beibringen, für die Chronologie aber vollständig werthlos. Livius, Florus, Orosius, Julius Obsequens sind nur für Einzelheiten wichtig. Zunächst kommt es natürlich auf eine genaue Bestimmung des Anfangspunktes der eigentlichen Empörung an.

Auszugehen ist hierbei von den Worten, mit welchen in dem Frgm. 2 des Diodor die Erzählung eingeleitet wird: μετὰ τὴν Καρχηδονίων κατάλυσιν ἐπὶ ἑξήκοντα ἔτεσι τῶν Σικελῶν εὐροούντων ἐν πᾶσιν, ὁ δουλικὸς αὐτοῖς ἐπανέστη πόλεμος ἐξ αἰτίας τοιαύτης. Hierauf folgt § 1—10 eine Darstellung der wirthschaftlichen Verhältnisse Siciliens, insbesondere des Sklavenwesens und der Räubereien der Hirten, welche dem eigentlichen Kriege vorausgiengen. Denn von dem wirklichen Ausbruche des Krieges sind die Worte ἐπανέστη πόλεμος zu verstehen, und dieser fand Statt „60 Jahre nach der Vernichtung der Karthager." Schon Casaubonus hat zum Eusebius beim J. 1920 richtig bemerkt: Non potest probari, quod Diodorus scribebat, a Carthagine capta ad prius bellum servile esse annos sexaginta μετὰ τὴν Καρχηδονίων κατάλυσιν καὶ ἑξῆς. Nam sexaginta anni post captam Carthaginem perveniunt ad numerum mille nongenti triginta quinque. A capta vero Carthagine ad primum bellum servile sunt tantum anni undeviginti. Non dubium, quin error sit in nota numeraria. Das letztere ist ein nur zu beliebtes philologisches Gewaltmittel, welches wir von vornherein von der Hand weisen müssen; aber die Schwierigkeit der Stelle ist richtig aufgedeckt. Welcher Schriftsteller, der nach dem J. 146 v. Chr. schrieb, der Sklavenkrieg sei ausgebrochen 60 J. μετὰ τ. Καρχηδ. κατάλ. und welcher gleichzeitige oder spätere Leser konnte darunter etwas anderes verstehen, als 60 J. nach der Eroberung Karthagos, welche Diodor im XXXII. Buche erzählt hatte (vgl. frgm. 6. 9. 24. Dind.)? Wesseling z. d. St., Fischer und Nitzsch wollen das Ende des zweiten punischen Krieges verstanden wissen und setzen den Beginn des Sklavenkrieges in das J. 142, ebenso Lehmann, jedoch ohne auch nur den Schatten eines stichhaltigen Grundes für diese dem Wortlaute nach unmögliche Erklärung beizubringen. Und doch bietet Diodor den Schlüssel zur richtigen Auffassung seiner Worte. Offenbar will er sagen, die Sikuler und die auf der Insel angesiedelten Römer hätten sich lange Zeit günstiger Friedensverhältnisse erfreut, Reichthum erworben, Sklaven zusammengekauft u. s. w. — da sei der Sklavenkrieg ausgebrochen. Schon aus diesem Grunde ist die Annahme einer Corruptel in den Zahlzeichen unmöglich, da seit Karthagos Eroberung erst wenige Jahre verflossen waren. Ferner ist es wahrscheinlich, dass die fraglichen Worte nicht erst Zusatz Diodors sind, sondern schon in seiner Quelle, dem Posidonios, gestanden haben werden. In der Beschreibung Siciliens bei Strabo VI p. 266 sqq. wird Posidonios zu wiederholten Malen als Gewährsmann für geographische Angaben citiert. Diese geographischen Bruchstücke des Pos. sind keineswegs alle aus seinem geo-

graphischen Werke περὶ τοῦ ὠκεανοῦ genommen, wie Töpelmann de Po-
sidonio Rhodio rerum scriptore, Bonnae 1867 p. 37. 51 nach Müller mit
Recht behauptet; die meisten gehen auf die ἱστορίαι zurück, wie z. B.
Strabo VI p. 273 im Wesentlichen den Angaben des Diodor entspricht.
Wir sehen aus allem, dass sich Posidonios mit Sicilien eingehend beschäftigt
hatte, wie ja überhaupt Länder- und Völkerkunde sein Steckenpferd gewesen sein müssen. Ich vermuthe desshalb, dass er dem ersten Sklavenkriege, dem Punkte, wo seine Geschichte zuerst Sicilien berührte, einen
kurzen Abriss der sicilischen Geschichte vorausgeschickt hatte. Dieser
endete dann natürlich mit dem zweiten punischen Kriege, in welchem die
Karthager zum letzten Male in die Verhältnisse der Insel eingegriffen hatten.
Dann konnte der Schriftsteller, weil er sicher war, dass der Leser dies nur
mit Beziehung auf den vorliegenden Gegenstand, Sicilien, nehmen würde,
fortfahren: μετὰ τὴν Καρχηδονίων κατάλυσιν ἐπὶ ἑξήκοντα ἔτεσι τῶν
Σικελῶν εὐροούντων κτλ. Natürlich ist diese Zeitbestimmung mit Nitzsch
als eine ungefähre zu fassen, so dass wir mit dem Beginne der Empörung
in die letzten vierziger Jahre kommen würden.

Eine willkommene Bestätigung und Präcisierung dieses Resultats
bleten die Worte des Orosius (V, 9): Orta praeterea in Sicilia belli servilis
contagio multas late infecit provincias. Nam et Minturnis quadringenti et
quinquaginta servi in crucem acti et Sinuessae ad quatuor milia servorum
a Q. Metello et Cn. Servilio Caepione oppressa sunt. in metallis quoque
Atheniensium idem tumultus servilis ab Heraclito praetore discussus est.
Apud Delon etiam servi novo motu intumescentes oppidanis praevenientibus oppressi sunt, absque illo primo Siciliensis mali fomite, a quo istae
velut scintillae emicantes diversa haec incendia seminarunt. Wie Diodor
(2, 19), sieht auch Orosius die sicilische Bewegung als Ausgangspunkt aller
übrigen an. Mommsen setzt (II, 79) die Aufstände in Sinuessa und Minturnae, wie den von Diodor erwähnten zu Rom, in das Jahr 133. Einen
sicheren chronologischen Anhaltspunkt bieten nur die Namen des Q. Cae-
cilius Metellus und Cn. Servilius Caepio. Der erstere war Consul 143 v. Chr.,
übernahm als solcher das Kommando in dem eben beginnenden Numanti-
nischen Kriege und führte dasselbe im folgenden Jahre pro consule weiter,
bis er von Q. Pompeius, dem Cons. d. J. 141, abgelöst wurde. Die Belegstellen
bei Fischer unter d. JJ. 143—141. Seine Thätigkeit gegen die Aufständischen muss also vor seinem Abgange nach Spanien Statt gefunden haben.
Cn. Servilius Caepio kann nur der Consul von 141, Censor 125, sein, dessen
Thaten sonst im Stillen geblieben sind, dem aber der Ruhm nicht weiter
vorenthalten werden sollte, den Aufstand zu Minturnae beendet zu haben.
Die Wichtigkeit der beiden Seefestungen und die Gefährlichkeit der Re-
bellion, welche schon aus der Zahl der Aufständischen geschlossen werden
kann, mochte ein energisches Eingreifen nöthig gemacht und die Absendung
consularischer Heere, wie in dem etrurischen Aufstande von 196 (oben

S. 29), veranlasst haben. Der Aufstand in Enna, nach dem Dargelegten dem italischen vorausgehend, muss also spätestens 143 ausgebrochen sein, ein Zeitpunkt, wo durch die zahlreichen Kriegsgefangenen (auf welche Diod. fr. 2 § 36 hindeutet) eine tiefe Gährung in die Sklavenschaft gebracht war.

Wie der Anfang, so stehen die drei letzten Jahre des sicilischen Krieges 134—132 durch die oben (S. 70 ff.) unter dem Texte angeführten Stellen unzweifelhaft fest, obgleich kein Frgm. des Diodor der Unternehmungen des Flaccus und Piso mit einer Silbe gedenkt. Offenbar hatte er in seiner gewöhnlichen Weise die Nachrichten des Posidonios an verschiedenen Stellen seines Werkes nach den einzelnen Jahren eingereiht, jedenfalls nicht ohne hin und wieder die Nachrichten eines Jahres auseinanderzureissen oder die mehrerer Jahre zusammenzuwerfen, wie das jedem Benutzer seiner Compilation bekannt ist. So wird es klar, wie Photios die Kriegführung des Flaccus und Piso gänzlich übergehen konnte. Auch in der Erzählung der zwischen 143 und 134 liegenden Jahre zeigt das Frgm. Ungenauigkeiten, aber kaum eine grössere Lücke. Nach den ersten, auf Enna beschränkten Ereignissen knüpft sich der Fortschritt der Empörung an die Person des Achäos. In drei Tagen rüstet er mehr als 6000 Mann ordnungsmässig für den Krieg aus, was uns nicht Wunder nehmen wird, wenn wir bedenken, dass die Waffenvorräthe der Stadt Enna in den Händen der Aufständischen waren, und dass die Hirten bewaffnet gingen (§ 29), von der nicht unwahrscheinlichen Annahme ganz abgesehen, dass auch in dieser Hinsicht der Aufstand von den seit längerer Zeit auf denselben hinarbeitenden geheimen Verbindungen (oben S. 51) vorbereitet war. Daneben laufen (καὶ ἑτέρους συνεπαγόμενος) die Schaaren der Sensenmänner, Schleuderer u. dgl. Es folgen Verwüstungszüge zum Zwecke der weiteren Verbreitung des Aufstandes, rasche Vermehrung der Aufständischen (πλῆθος ἄπειρον οἰκετῶν προσλαμβάνων), Verstärkung der kriegsfähigen Mannschaft (στρατιῶται) auf 10000, wiederholter siegreicher Kampf (πολλάκις ἐκράτησεν) mit den römischen Prätoren (στρατηγοῖς Ῥωμαίων). Dies ist der Moment (ἐν τούτῳ), in welchem Kleon den Aufruhr im Süden erhebt.

Es sind oben (S. 62) diese ersten Unternehmungen des Sklavenheeres versuchsweise zwischen die Jahre 143—140 gesetzt worden, und in dieser Zeit möchte ich auch am liebsten die in der S. 62 Anm. 3 angeführten Inschrift von Polla bezeugte Thätigkeit des Praetors P. Popilius Laenas unterbringen. Mommsen stellt die Worte praetor in Sicilia fugiteiuos Italicorum conquaeisiuei cet. zusammen mit Diod. § 2 f.: ἐξ ὧν οἱ πλείους ἀπὸ λῃστείας τὸ ζῆν ἐπορίζοντο κτλ. und verlegt, seiner Annahme gemäss, dass der eigentliche Krieg in die Jahre 134—132 falle, die Praetur des Pop. auf c. 619 a. u. = 135 v. Chr. Diess wäre dann die S. 46 ff. geschilderte Zeit allgemeiner Unsicherheit, welche dem Aufstande vorausgieng und in welcher die schwächlichen Massregeln der Praetoren dem

Räuberunwesen nicht zu steuern vermochten. Auf den ersten Anschein hin hat die Annahme manches Bestechende; vergleicht man aber die a. a. O. des Diodor, zusammengehalten mit §. 27—30, geschilderte Sachlage mit der aus den Worten der Inschrift sich ergebenden genauer, so zeigt sich ein entschiedener Widerspruch. Diodor sagt mit dürren Worten, dass die Herren sich um Ernährung und Bekleidung der Sklaven nicht gekümmert, sie vielmehr ausdrücklich auf den Raub verwiesen und denselben begünstigt hätten (§§ 27. 38). Dass die Sklaven sich der Gewalt ihrer Herren entzogen und dann auf eigene Hand Räuberbanden organisiert hätten, was das Wort *fugitivi* voraussetzen würde, ist nirgends erwähnt und schon desshalb unwahrscheinlich, weil die Uebelthäter wissen konnten, dass sie in dem Einflusse ihrer reichen Besitzer auf die regierende Partei in Rom den sichersten Freibrief gegen polizeiliches Einschreiten Seitens der Praetoren hatten, während den Fugitivus die öffentliche Gewalt verfolgte. Die Massregeln, welche die Praetoren ergriffen, können nur denjenigen ähnlich gewesen sein, welche bei dem S. 69 erwähnten mehrfachen Raubmorde im Silawalde, dessen die Sklaven eines Gründerconsortiums beschuldigt warén, vom römischen Senate getroffen wurden, nämlich die Herren, als haftbar für ihre Sklaven, in Anklagezustand zu versetzen, und davor hüteten sich natürlich die Statthalter. Dies ist wohl der Sinn der Worte κωλύειν μὲν ἐπεχείρουν, κολάζειν δὲ οὐ τολμῶντες κτλ. Das fugiteiuos conquaeisiuci scheint vielmehr auf die Zeit hinzuweisen, wo in Folge der Fortschritte des Achäos die Sklaven auch in den noch nicht insurgierten Gebieten unruhig wurden und in Masse entliefen. Fugitivi ist in den Quellen der stehende Ausdruck für die Empörer: Liv. per. 58: res adversus fugitivos gestas, Flor. III, 19: qui per fugitivarios abstrahi debuissent, Jul. Obsequ. 86: fugitivorum bellum, Diod. δραπέται 2 §. 42. 43. 46 u. ö. Popilius wäre dann einer der στρατηγοί (§. 16), mit welchen Achäos kämpfte, bevor der Aufstand im Süden ausbrach. Wer bei der offenkundigen Thatsache, dass nur durch die schmähliche Connivenz und Unfähigkeit der Praetoren der eben in seinen letzten Zuckungen ringende oder kaum beendete Sklavenkrieg so verheerend und allgemein geworden war, noch im J. 132 oder gar später die Stirn hatte, die Aufbringung und Rückgabe von 917 Flüchtlingen sich als eine grosse That gutzuschreiben, dem kann wohl zugetraut werden, dass er durch die in Stein gegrabene „beweisende" Zahl eine Niederlage zu verdecken suchte. Das Verwaltungsjahr des Popilius läge somit wenig nach 143; er wäre also ziemlich spät zum Consulate gelangt. Auch Lehmann weiss seine sicilische Thätigkeit nicht später als 139 unterzubringen. Er widerspricht dabei seiner eigenen Ansicht, die mit Mommsen übereinstimmt, wenn er das Praetorenjahr des P. mit bei der Berechnung des Anfangs des eigentlichen Krieges in Anschlag bringt, während es nach Mommsens Annahme vor demselben, also wenn unsere oben gegebene Beweisführung richtig ist, vor 143 liegt.

Κλέων — πυϑόμενος τὴν κατὰ τὸν Εὔνουν προκοπὴν καὶ τὰς τῶν μετ' αὐτοῦ δραπετῶν εὐημερίας ἀποστάτης ἐγίνετο (§ 43), also nicht sofort nach dem Aufstande in Enna, sondern nachdem die glücklichen Kämpfe des Achäos bekannt geworden waren. Jetzt, fährt die Erzählung (§ 17) fort, hoffte man allgemein (also wohl auch in Rom), dass die beiden Führer mit ihren Anhängern einander in die Haare gerathen und sich gegenseitig aufreiben würden. Wider Erwarten kommt eine Vereinigung zu Stande. Nun folgt die einzige genaue Zeitbestimmung, welche wir innerhalb der Erzählung erhalten: ἡμέραι δ'ἐγγὺς ἦσαν ἀπὸ τῆς ἀποστάσεως τριάκοντα. Bis zu welchem Zeitpunkte sind diese „nahe an dreissig Tage" gerechnet? Offenbar nicht bis zur Ankunft des Praetors L. Hypsaeus; denn diese hat ihre eigene Zeitbestimmung (μετὰ βραχύ d. i. kurze Zeit nach dem Verlauf der 30 T.), sondern bis zur Vereinigung der beiden Sklavenführer. Die Ansicht von Nitzsch, dass der erste Aufstand nach dem Abgange des einen Praetors erfolgte, „da bis zur Ankunft des L. Hypsaeus, über 30 Tage nach dem Ausbruch, kein solcher erwähnt wird", ist unhaltbar, da die στρατηγοί, mit welchen Achäos vor dem Auftreten des Kleon kämpfte und deren wir mit Rücksicht auf den Plural mindestens 2—3 annehmen dürfen, ohne Zweifel Praetoren sind. Die letztere Erwägung zeigt auch, dass das Ereigniss, von welchem die 30 T. gezählt sind, nicht, wie Nitzsch und Lehmann meinen, der Aufstand in Enna ist, seit welchem vielmehr 2—3 Jahre verflossen waren, sondern der des Kleon. Dass diese Annahme richtig und nicht etwa an eine Lücke des Excerpts zu denken ist, zeigen die in demselben vorkommenden Zahlen. Ich habe bereits bemerkt, dass dieselben nur die *kriegsmässig ausgerüsteten Männer* angeben, wie auch Athenion im zweiten sicil. Sklavenkriege nur die Tüchtigsten in sein Heer aufnimmt: Diod. XXXVI fr. 5, 2. Achäos hat deren anfangs 6000, dann 10000 (neben einer „unzähligen Menge" anderer); Kleon bringt 5000 hinzu (die Gesammtzahl seiner Anhänger betrug 70000 nach Liv. per LVI, missverständlich auch bei Oros. V, 6): zusammen 15000; μετὰ βραχύ beträgt das Gesammtheer 20000 (der Zeitraum kann also so ganz kurz nicht gewesen sein, wenn er zur Ausrüstung von 5000 Soldaten genügte). Von diesen 20000 Mann wird das sicilische Aufgebot des Hypsaeus, 8000 M., geschlagen. Nicht lange nachher beläuft sich die Zahl der Aufständischen insgesammt, Soldaten, Sensenmänner und Ungerüstete, auf 200000, „und in vielen Kriegen kämpfen sie glücklich, seltener erleiden sie Niederlagen."

Für die in den letzten Worten zusammengefassten Ereignisse müssen wir immer einige Jahre annehmen; ihre Folge (οὐ διαβοηϑέντος) sind die Aufstände in Rom, Attika, Delos, welche demnach zwischen 140 und 135 fallen würden. Die Bewegungen in Minturnae und Sinuessa, deren Zeit wir aus Orosius sicher bestimmen konnten, fehlen; dagegen erwähnt der letztere ebenfalls die Empörungen in dem Laurischen Grubendistrikt und auf Delos, während er die römische übergeht. Dass Orosius das Ganze als eine durchgehende Bewegung *(idem tumultus)* auffasst, darf uns bei seiner gedrängten Darstellung nicht verleiten, die römischen und die griechischen Aufstände etwa noch in die vierziger Jahre zu setzen. Auch Julius Obsequens c. 86 erwähnt zwei italische Empörungen, die eine dem Anfang der sicilischen gleichzeitig, die andere neben den Niederlagen römischer (praetorischer) Heere: *fugitivorum bellum in Sicilia exortum. coniuratio servorum in Italia oppressa* mit Schäfer, N. Jhb. f. Phil. u. Päd. 1873. S. 70, oder besser mit Bücheler: *coniurationes — oppressae* (die in Minturnae und Sinuessa). Später heisst es: *In Italia multa milia servorum, quae coniuraverant aegre comprehensa et supplicio consumpta sunt* (vielleicht gleichzeitig mit der Verschwörung zu Rom). *in Sicilia fugitivi Romanos exercitus necaverunt.*

In Sicilien aber, fährt Diodor (§ 20) fort, wuchs das Unheil καὶ πόλεις ἡλίσκοντο αὐτάνδροι καὶ πολλὰ στρατόπεδα ὑπὸ τῶν ἀποστατῶν κατεκόπησαν, ἕως 'Ρουπίλιος κτλ. Da der Excerptor die Kriegführung des Flaccus und Piso übergeht, so ist mit diesen Worten wohl auf die Unternehmungen dieser beiden, von denen die des ersteren ganz unglücklich, die des letzteren nicht durchaus erfolgreich waren, hingedeutet. Die πολλοὶ πόλεμοι in § 18 wären dann noch Kämpfe mit Praetoren.

Grössere Wahrscheinlichkeit gewinnen diese Annahmen durch die Worte des Orosius V, 6: In Sicilia bellum servile ortum est, quod adeo grave et atrox multitudine servorum, instructu copiarum et magnitudine virium fuit, ut *non dicam praetores Romanos, quos penitus profligavit, sed consules quoque tertuerit.* Ebenso allgemein Liv. per. LVI: Bellum servile in Sicilia ortum, cum *opprimi a praetoribus non potuisset,* C. Fulvio consuli mandatum est. Jedenfalls steht durch die Worte des Liv. und Oros., zusammengehalten mit der S. 71 A. 2 abgedruckten Stelle des Appian, fest, dass eine ganze Reihe von Praetoren die Bekämpfung des sicilischen Sklavenreiches vergebens versucht hatten, so dass die Annahme von 9 Jahren zwischen dem feststehenden Beginn desselben (143) und der Absendung des ersten consularischen Heeres wohl gerechtfertigt erscheint. Die Namen von zwei derselben kennen wir bereits, drei andere gibt Florus II 7: *capta sunt castra praetorum — nec nominare ipsos pudebit — castra Manlii Lentuli Pisonis Hypsaei.* Lehmann hat mit Recht bemerkt, dass, da nur die praetores genannt werden, quorum castra capta sunt, 1) die Liste des Flor. nicht vollständig zu sein braucht und 2) keiner dieser 4 praet. in die Zeit fallen kann, in welcher consularische Heere auf der Insel standen. Dagegen kann ich seiner Vermuthung, dass Hypsaeus derjenige Praetor sei, unter dem der Aufstand ausgebrochen und dass desshalb nicht unwahrscheinlich Florus die 4 praet. in umgekehrter chronologischer Ordnung aufgezählt habe, sodass Manlius 135, Lentulus 136, Piso 137 und Hypsaeus 138 gewirkt habe, nach dem früher über den zwischen der Erhebung des Eunus und der des Kleon liegenden mehrjährigen Zwischenraum Entwickelten, nicht beistimmen. Freilich scheint mir dieser Zwischenraum auch nicht gross genug, um in demselben ausser Popilius jene drei neben Hypsaeus erwähnten praet. unterzubringen. Vielleicht ist der Piso des Florus gar der Consul von 133 : wenigstens findet sich auch I, 34 (II, 20) bei ihm praetor statt consul in alter Weise gebraucht. Die aus einem nicht einmal deutlich zu erkennenden Münztypus geschöpfte Vermuthung, dass ein T. Didius den schon bekannten Praetoren anzureihen sei (vgl. Paulys Real-Encycl. II S. 1010) ist zu unsicher, um weiter berücksichtigt werden zu können. Wir müssen uns demnach damit begnügen, festgestellt zu haben, dass 8—9 Praetoren vom Anfang des Krieges bis 134 thätig gewesen sind, von denen wir die Namen von 4 oder 5 sicher kennen; eine genauere chronologische Fixierung ihrer Amtsjahre gelingt nur annäherungsweise bei Hypsaeus, mit geringem Grade von Wahrscheinlichkeit bei Popilius.

Zur Erleichterung der Uebersicht folgen die Resultate vorstehender Untersuchung nebst der seither ebenfalls theilweise schwankenden Zeitfolge der kleinasiatischen Ereignisse in einer tabellarischen Zusammenstellung. Die *cursiv* gedruckten Daten sind nach Wahrscheinlichkeitsgründen angesetzt.

V. Chr. 143 Anfang des sicilischen Sklavenkrieges. Empörung in Enna. Eunus König.

Aufstand in Minturnae und Sinuessa von Metellus bekämpft.

143-141 *Siege des Achaeos über die Praetoren (Popilius ?).*

141 Cn. Servilius Caepio unterdrückt die Empörung in Südlatium.

140 *Aufstand des Kleon. Eroberung von Akragas. Kleon und Eunus vereinigt. L. Plautius Hypsaeus geschlagen.*

139-135 Siegreicher Kampf der vereinigten Sklavenführer gegen römische Praetoren *(Manlius, Lentulus, Piso?).*

Aufstand in (Rom?) Attika, Delos, Makedonien. Tauromenion, Katana, Syrakus, Messana erobert. Eunus Herr der ganzen Insel.

134 Der Cons. C. Fulvius Flaccus kämpft unglücklich in Sicilien.

133 Das Gracchische Ackergesetz.

L. Calpurnius Piso erstürmt Messana und belagert Enna. Attalos III †.

Eudemos in Rom. — Aristonikos tritt auf — erobert die Küstenplätze.

Ti. Gracchus ermordet.

Schlacht bei Kyme.

Aristonikos stiftet die Verbindung der Heliopoliten.

132 P. Rupilius in Sicilien. Tauromenion und Enna erobert.
Eunus gefangen.
Römische Gesandte in Kleinasien. Nasica †.
Aristonikos Herr des väterlichen Reiches. Blossius.
131 Leges Rupiliae.
P. Licinius Crassus gegen Aristonikos. Belagerung v. Leukae.
130 (Januar?) Schlacht bei Leukae. Crassus †.
Aristonikos, von M. Perperna geschlagen, ergibt sich in
Stratonikeia.
129 Perperna †.
M'. Aquilius hält Strafgericht und ordnet die Provinz Asia.
Aristonikos in Rom erdrosselt. Blossius †.

Nachtrag.

Den *Excurs über die Quellen,* auf welchen in den Anmerkungen
wiederholt Bezug genommen ist, habe ich zurückbehalten müssen, da er
ohne lästige Weitschweifigkeit und ohne die Heranziehung streng genommen
nicht hierher gehörender Fragen nicht zu geben war. Ohnehin dürfte das
Resultat, zu welchem ich gekommen bin, dass Alles, was uns von der
Geschichte des sicilischen Sklavenkrieges und der mit demselben zusammen-
hängenden Bewegungen (von Aristonikos abgesehen) erhalten ist, in letzter
Linie auf Posidonios zurückgeht, kaum in Zweifel gezogen werden; wenigstens ist dieser schon vor vier Jahren von mir aufgestellten Behauptung
bis jetzt meines Wissens nicht widersprochen worden.

Der Güte des Herrn Professors A. Schäfer verdanke ich die Mit-
theilung seines in d. N. Jhb. f. Phil. und Paed. 1873, S. 70 f. veröffent-
lichten Heilungsversuches der S. 68 A. 1 angeführten Stelle aus Oros.
V, 9, wo er, statt *Mamertium oppidum,* „*Murgentium opp.*" zu lesen vor-
schlägt. Dadurch wäre die Hauptschwierigkeit, der Widerspruch dieser
Stelle gegen c. 6 beseitigt und die Angabe, dass die Sklaven auch
Messana erobert hätten, im Texte zu streichen. Meine Vermuthung *Mamertinorum oppidum* wäre nur unter der Voraussetzung zulässig, dass
Orosius die Einnahme der Stadt durch die Aufständischen zu erwähnen
vergessen hätte.

S. 15 Z. 7, 8 und 9 v. u. bitte ich *ihrer* st. *seiner* zu lesen, S. 22
Z. 4 v. o. *vor. Chr.* st. *n. Chr.*

Inhaltsübersicht.

Nachwort.

Das vorliegende Büchlein war anfänglich dazu bestimmt, dem diesjährigen Osterprogramm der hiesigen Schulanstalten der polytechnischen Gesellschaft als Beilage zu dienen; der über den Rahmen einer Schulschrift hinausgewachsene Umfang und die Unmöglichkeit, das Manuscript rechtzeitig abzuschliessen, nöthigten mich, damals die drei ersten Kapitel abgesondert erscheinen zu lassen. Ich kann nur wünschen, dass die nachsichtige Aufnahme, deren dieselben sich zu erfreuen hatten, auch jetzt dem Ganzen zu Theil werden möge. Meine Absicht war, eine bisher wenig beachtete Seite der socialen Krisis, aus welcher die Gracchischen Reformpläne hervorgiengen, zu Händen des weiteren Kreises derjenigen darzustellen, welche der wichtigsten Frage der Jetztzeit mehr als unwürdige Voreingenommenheit oder sträfliche Gleichgültigkeit entgegenbringen. Auf die Ansprüche methodischer Quellenforschung durfte dabei nicht verzichtet werden. Da die Ergebnisse der letzteren in wesentlichen Punkten von den seitherigen Annahmen abweichen, so glaubte ich die Unzuträglichkeiten, welche aus der Berücksichtigung verschiedener Leserkreise entstehen mussten, mit in den Kauf nehmen zu dürfen. Wenn ich nur die Arbeiterkämpfe, nicht die ganze sociale Bewegung der Gracchenzeit behandelt habe, so geschah diess nicht etwa desshalb, weil ich dem jetzt so geläufigen Irrthume unterlegen wäre, sociale Frage und Arbeiterfrage zu verwechseln, sondern weil mir die letztere, freilich in etwas weiterer, als der landläufigen Fassung des Begriffes, auch jetzt noch den Kern-

punkt jener zu enthalten scheint. Zudem liegen über die
Gracchen die eingehendsten Arbeiten vor. Wie verwandt
jene antike Wirthschaftsepoche der unseren ist, wie nahe
insbesondere das unfreie Arbeiterverhältniss dem heutigen
‚ehernen Lohngesetze' steht, wie die durch Erpressungen der
Provinzialverwaltung und das Steuerpachtsystem hervorge-
brachte kolossale Güteranhäufung wirthschaftlich und sittlich
dem durch das Grossschuldenunwesen und den Actienschwindel
emporgetriebenen Börsenspiele gleich zu achten ist, das hätte
sich noch des Weiteren ausführen lassen, wenn ich statt derartiger Vergleiche nicht lieber die Thatsachen hätte sprechen
lassen wollen. Eine Geschichte des Socialismus, welche die
Theorien nur insoweit berücksichtigte, als sie an thatsächliche
Verhältnisse anknüpfen oder irgendwo praktisch geworden
sind, scheint mir überhaupt ein dringendes Bedürfniss zu sein.
Sie würde uns auf die empirischen Gesetze der epidemischen
Atrophie ganzer Bevölkerungsklassen führen und uns ebenso-
wohl von manchen theoretischen Schnurrpfeifereien befreien,
als von dem unverantwortlichen Leichtsinn, der sich damit
begnügt, die ganze moderne Bewegung als eine ‚künstlich
gemachte', ihre Principien für einen ‚Wust von Halbwisserei
und Phrasenthum' zu erklären. Mein innigster Wunsch ist,
dass sie bald von berufener Hand unternommen werden und
dass dann der gegenwärtige bescheidene Beitrag sich als ein
nicht ganz unbrauchbarer Baustein verwenden lassen möge.

Frankfurt a. M., 24. August 1874.

K. B.

Druck von C. Adelmann in Frankfurt a. M.

www.ingramcontent.com/pod-product-compliance
Lightning Source LLC
Chambersburg PA
CBHW030612270326
41927CB00007B/1135